Kompetenztest Deutsch 2

Zugang zum Abitur

Dr. Stefan Schäfer

- unterstützt die Ermittlung konkreten Lernbedarfs für die Abiturprüfung
- überprüft die Hochschulreife
- kann kontinuierlich während der gesamten Oberstufenzeit angewendet werden

Ernst Klett Verlag
Stuttgart · Leipzig

1. Auflage 1 5 4 3 2 1 | 13 12 11 10 09

Alle Drucke dieser Auflage sind unverändert und können im Unterricht nebeneinander verwendet werden.
Die letzte Zahl bezeichnet das Jahr des Druckes.

Autor: Stefan Schäfer
Redaktion: Carolin Kiehl
Herstellung: Carolin Orlamünder, Carina Riehl

Umschlaggestaltung: one pm° Grafikdesign Petra Michel, Stuttgart
Layout: Carolin Orlamünder, Carina Riehl
Satz: Marion Rackwitz, Paulinenaue
Reproduktion: Meyle & Müller Medienmanagement, Pforzheim
Druck: fgb – freiburger graphische betriebe

Printed in Germany
ISBN 978-3-12-350457-0

9 783123 504570

Kompetenztest Deutsch 2
Zugang zum Abitur

Wer ein Ziel will, darf den Weg nicht scheuen, sei er glatt oder rau.
(Theodor Fontane)

Vorwort

Liebe Schülerin, lieber Schüler,

mit KOMPETENZTEST 2 – ZUGANG ZUM ABITUR können Sie überprüfen, ob Sie die wesentlichen Anforderungen, die im Abiturfach Deutsch an Sie gestellt werden, beherrschen. Das Heft kann dabei gemeinsam im Unterricht, angeleitet durch Ihren Lehrer, oder von Ihnen selbstständig zu Hause bearbeitet werden. Testen Sie mit Hilfe des Heftes, vor der Abiturprüfung oder auch bereits während der Oberstufe, wo Sie auf Ihrem Weg zum Abitur stehen.

KOMPETENZTEST 2 – ZUGANG ZUM ABITUR enthält Beispiele zu allen wichtigen Textsorten. Die Aufgaben zu den Texten beziehen sich stets auf bestimmte *Schwerpunkte des Deutschunterrichts*; aus der Nummerierung können Sie ersehen, welchen Kompetenzbereich Sie gerade bearbeiten:

- Nr. 1 (also Aufgabe 1.1, 1.2 …)
  → **Lesen/Texterschließung/ Umgang mit Medien**
- Nr. 2 (also Aufgabe 2.1, 2.2 …)
  → **Reflexion über Sprache**
- Nr. 3 (also Aufgabe 3.1, 3.2 …)
  → **Schreiben/Sprechen/Präsentieren**

Schreibaufgaben, die den „Einheitlichen Prüfungsanforderungen in der Abiturprüfung Deutsch“ (= EPA) folgen, sind farblich hervorgehoben und schließen jeweils den Aufgabenteil ab. Bitte lösen Sie diese komplexen Aufgaben in Ihrem Hefter.

Alle Aufgaben sind den Anforderungsbereichen I bis III zugeordnet:
Der **Anforderungsbereich I** AfB I umfasst grundlegende Fähigkeiten und Kenntnisse (z.B. die zentralen Aussagen eines Textes wiedergeben).
Beim **Anforderungsbereich II** AfB II, zu dem die meisten Aufgaben gehören, geht es um das Rekonstruieren von Zusammenhängen (z.B. eine Beziehung zwischen zwei Textaussagen herstellen).
Der **Anforderungsbereich III** AfB III schließt Fähigkeiten zur selbstständigen Reflexion und Urteilsbildung ein (z.B. die Bewertung bzw. Reflexion eines Sachverhaltes oder das Formulieren sprachlicher Regularitäten).

Mit Hilfe des herausnehmbaren Lösungsteils, welcher mögliche Lösungshinweise (LH) präsentiert, können Sie Ihre Ergebnisse überprüfen. Wollen Sie gezielt Aufgaben üben bzw. wiederholen oder mit bestimmten Textsorten arbeiten, können Sie sich mit Hilfe des Register problemlos orientieren.

Wenn Sie das Heft nicht angeleitet im Unterricht bearbeiten, gibt es drei Möglichkeiten, wie Sie das Heft zu Hause sinnvoll einsetzen können:
1. Sie bearbeiten das Heft über die Oberstufe verteilt ergänzend zum Schulstoff. Wenn Sie also im Unterricht zum Beispiel die Interpretation von Lyrik oder die Epoche der Aufklärung behandeln, bearbeiten Sie parallel dazu die Aufgaben zur Lyrikanalyse bzw. den Abschnitt „Aufklärung“. Auf diese Weise üben Sie nicht nur den aktuellen Stoff, der vielleicht für die nächste Klausur relevant ist, sondern wiederholen und verfestigen auch Inhalte, die im Unterricht eventuell in einem anderen Zusammenhang bearbeitet worden sind.
2. Sie arbeiten systematisch mit dem Heft und suchen sich mit Hilfe des Registers genau die Bereiche heraus, die Sie wiederholen oder üben möchten.
3. Sie üben die EPA-Schreibaufgaben gezielt für die schriftliche Abiturprüfung. Beachten Sie in diesem Zusammenhang, dass einige Schreibaufgaben Teilaufgaben enthalten, die sich in dieser oder ähnlicher Form auch in den Überprüfungsaufgaben der Kompetenzbereiche befinden, was Ihnen bei der Einschätzung des Schwierigkeitsgrades hilft.

Bei kleineren oder auch größeren Lücken können Sie auf das Schülerbuch DEUTSCH.KOMPETENT, das TRAININGSHEFT ZUM SCHRIFTLICHEN ABITUR oder die KLAUSURTRAINING-Hefte zurückgreifen – hier finden Sie gezielte Anleitungen, Erklärungen und Tipps, die Ihnen strukturiert und schnell Lösungswege aufzeigen.

Viel Erfolg auf Ihrem Weg zum Abitur!

Diagnosebogen

Die Bogen helfen Ihnen zum einen, die Arbeit mit dem Heft zu organisieren: Am Anfang jedes Bogens steht, was in den Aufgaben von Ihnen verlangt wird und welchem Anforderungsbereich (AfB) sie zuzuordnen sind. In der Rubrik „Bewertung" können Sie zum anderen entweder das Ergebnis, das Sie in einer Aufgabe erzielt haben, ankreuzen oder Aufgaben, mit denen Sie ohnehin keine Probleme haben, abhaken. Wichtig ist, dass Sie Aufgaben, die Ihnen noch nicht so gut oder gar nicht gelungen sind (😐 und ☹), nach zwei, drei Wochen wiederholen.

I. Literatur der Gegenwart

Ich kann ...	AfB	Bewertung	bearbeitet am:	wiederholt am:
1.1 die Intention eines Autors erfassen.	I	☺ – 😐 – ☹		
1.2 gestalterische Mittel beschreiben.	I	☺ – 😐 – ☹		
1.3 die Zuordung eines Textes zur Strömung „neue Subjektivität" begründen.	III	☺ – 😐 – ☹		
1.4 den Begriff „postmoderne Literatur" erläutern.	II	☺ – 😐 – ☹		
2.1 die Wirkung von Produktnamen charakterisieren.	II	☺ – 😐 – ☹		
2.2 eine sprachkritische Position erfassen.	I	☺ – 😐 – ☹		
3.1 einen literarischen Text (Epik) gestaltend erschließen.	III	☺ – 😐 – ☹		
3.2 einen pragmatischen Text (Essay) erörternd erschließen.	III	☺ – 😐 – ☹		

II. Literatur nach 1945

Ich kann ...	AfB	Bewertung	bearbeitet am:	wiederholt am:
1.1 die Erzähltechnik eines Textes beschreiben.	I	☺ – 😐 – ☹		
1.2 die Erzählhaltung in einem Text beschreiben.	II	☺ – 😐 – ☹		
1.3 darstellen, was man unter der „Gruppe 47" versteht.	I	☺ – 😐 – ☹		
1.4 eine Redestrategie beschreiben.	I	☺ – 😐 – ☹		
1.5 zentrale Bildbereiche in einem Text erkennen.	I	☺ – 😐 – ☹		
1.6 Textauszüge in ihrer Spezifik vergleichen.	II	☺ – 😐 – ☹		
2.1 Verbformen bestimmen und ihre Verwendung erläutern.	II	☺ – 😐 – ☹		
2.2 die Bedeutung eines Wortes mit Hilfe der Begriffe „Denotat" und „Konnotat" erläutern.	III	☺ – 😐 – ☹		
2.3 die äußere Gestalt eines Textes beschreiben und ihre Funktion erläutern.	II	☺ – 😐 – ☹		
2.4 Wortneubildungen beschreiben.	II	☺ – 😐 – ☹		
3.1 zu einer Frage kritisch Stellung nehmen.	III	☺ – 😐 – ☹		
3.2 eine Sachinformation recherchieren.	III	☺ – 😐 – ☹		
3.3 nach Vorgaben ein Gedicht schreiben.	III	☺ – 😐 – ☹		
3.4 einen literarischen Text (Epik) untersuchend erschließen.	III	☺ – 😐 – ☹		

III. Weimarer Republik

Ich kann …	AfB	Bewertung	bearbeitet am:	wiederholt am:
1.1 einem Text Informationen entnehmen.	I	☺ – 😐 – ☹		
1.2 Zeitangaben Geschichtsepochen zuordnen.	II	☺ – 😐 – ☹		
1.3 eine literarische Figur charakterisieren.	II	☺ – 😐 – ☹		
1.4 den Begriff „episches Theater" erläutern.	II	☺ – 😐 – ☹		
1.5 Theatertheorien miteinander vergleichen und einen wichtigen Begründer des „Agitprop-Theaters" nennen.	II	☺ – 😐 – ☹		
1.6 erläutern, was man unter „Neuer Sachlichkeit" versteht.	II	☺ – 😐 – ☹		
2.1 A sprachliche Mittel beschreiben. 2.1 B erläutern, ob Kindersprache eine Sprachvarietät des Deutschen darstellt.	I II	☺ – 😐 – ☹ ☺ – 😐 – ☹		
2.2 einen Hauptsatz in einem Satzgefüge bestimmen.	I	☺ – 😐 – ☹		
2.3 verschiedene Sinnarten erläutern.	II	☺ – 😐 – ☹		
3.1 nach Vorgaben einen Zeitungsbericht verfassen.	III	☺ – 😐 – ☹		
3.2 einen pragmatischen Text (Rede) untersuchend erschließen.	III	☺ – 😐 – ☹		

IV. Literatur um 1900

Ich kann …	AfB	Bewertung	bearbeitet am:	wiederholt am:
1.1 eine Textaussage erläutern.	I	☺ – 😐 – ☹		
1.2 die Zuordung eines Textes zur Strömung „Symbolismus" begründen.	II	☺ – 😐 – ☹		
1.3 einem Text Informationen entnehmen.	I	☺ – 😐 – ☹		
1.4 die Sprachsymbolik eines Gedichts interpretieren und dieses argumentativ einer Epoche zuordnen.	II	☺ – 😐 – ☹		
2.1 einem Text Informationen entnehmen.	I	☺ – 😐 – ☹		
2.2 den Zeichenbegriff in der Sprachwissenschaft erläutern.	II	☺ – 😐 – ☹		
2.3 ein einfaches Kommunikationsmodell erläutern.	II	☺ – 😐 – ☹		
3.1 eine Abbildung verbalisieren.	II	☺ – 😐 – ☹		
3.2 die Wirkung eines expressionistischen Gedichts beurteilen.	II	☺ – 😐 – ☹		
3.3 einen literarischen Text (Lyrik) erörternd erschließen.	III	☺ – 😐 – ☹		

V. Naturalismus

Ich kann …	AfB	Bewertung	bearbeitet am:	wiederholt am:
1.1 das zentrale Thema eines Textes benennen und seine Bedeutung vor dem Zeithintergrund erläutern.	I	☺ – 😐 – ☹		
1.2 Merkmale des Sekundenstils erkennen.	I	☺ – 😐 – ☹		
1.3 den literarischen Anspruch des Naturalismus erläutern.	II	☺ – 😐 – ☹		
1.4 einen Text nach vorgegebenen Kriterien bewerten.	III	☺ – 😐 – ☹		
2.1 sprachliche Formen bzw. Mittel am Text nachweisen und charakterisieren.	I	☺ – 😐 – ☹		
2.2 erläutern, was ein „Dialekt" ist.	II	☺ – 😐 – ☹		
3.1 einen Text nach Vorgaben umformulieren.	I	☺ – 😐 – ☹		
3.2 einen pragmatischen Text (Sachtext) untersuchend erschließen.	III	☺ – 😐 – ☹		

VI. Bürgerlicher Realismus

Ich kann …	AfB	Bewertung	bearbeitet am:	wiederholt am:
1.1 wichtige Romantitel von Th. Fontane erkennen.	I	☺ – 😐 – ☹		
1.2 ein Szenenfoto beschreiben.	I	☺ – 😐 – ☹		
1.3 eine Literaturverfilmung auf die Vorlage beziehen.	II	☺ – 😐 – ☹		
2.1 verschiedene Verwendungsweisen des Wortes „so" unterscheiden.	III	☺ – 😐 – ☹		
2.2 Abweichungen von der Standardsprache erkennen.	I	☺ – 😐 – ☹		
3.1 einen Sachtextauszug auf einer Folie zusammenfassen.	III	☺ – 😐 – ☹		
3.2 einen literarischen Text (Epik) gestaltend erschließen.	II	☺ – 😐 – ☹		
3.3 einen literarischen Text (Epik) untersuchend erschließen.	III	☺ – 😐 – ☹		

VII. Biedermeier und Vormärz

Ich kann …	AfB	Bewertung	bearbeitet am:	wiederholt am:
1.1 einem Text Informationen entnehmen.	I	☺ – 😐 – ☹		
1.2 die Bezeichnungen „Vormärz" und „Biedermeier" erläutern.	I	☺ – 😐 – ☹		
1.3 ein wichtiges Werk von Georg Büchner nennen und beschreiben.	I	☺ – 😐 – ☹		
1.4 Merkmale und Themen des Biedermeier nennen.	I	☺ – 😐 – ☹		
2.1 den Aufbau einer Strophe beschreiben.	I	☺ – 😐 – ☹		
2.2 die Setzung von Kommata erläutern.	II	☺ – 😐 – ☹		
3.1 zu einem Sachverhalt kritisch Stellung nehmen.	III	☺ – 😐 – ☹		
3.2 einen pragmatischen Text (Vorrede) untersuchend erschließen.	III	☺ – 😐 – ☹		

VIII. Romantik

Ich kann …	AfB	Bewertung	bearbeitet am:	wiederholt am:
1.1 die Richtigkeit von Aussagen über die Romantik bewerten.	I	☺ – 😐 – ☹		
1.2 das Schreibkonzept der Romantik („Universalpoesie") erläutern.	II	☺ – 😐 – ☹		
2.1 den Modus von Verbformen bestimmen und ihre Verwendung deuten.	II	☺ – 😐 – ☹		
2.2 einen Adverbialsatz bestimmen.	I	☺ – 😐 – ☹		
3.1 einen Schreibplan bewerten und verbessern.	III	☺ – 😐 – ☹		
3.2 selbst einen Schreibplan anlegen.	III	☺ – 😐 – ☹		
3.3 einen pragmatischen Text (Essay) gestaltend erschließen.	III	☺ – 😐 – ☹		

IX. Klassik

Ich kann …	AfB	Bewertung	bearbeitet am:	wiederholt am:
1.1 einem Text Informationen entnehmen.	I	☺ – 😐 – ☹		
1.2 Informationen aus einem Text anwenden.	II	☺ – 😐 – ☹		
1.3 Parallelen zwischen Inhalt und Form eines Textes ziehen.	II	☺ – 😐 – ☹		
2.1 eine Versart bestimmen.	I	☺ – 😐 – ☹		
2.2 die Bedeutung von para- und nonverbalen Anteilen in einem konkreten Gespräch bestimmen.	II	☺ – 😐 – ☹		
2.3 einen Text unter einem vorgegebenen Gesichtspunkt bewerten.	III	☺ – 😐 – ☹		
2.4 ein Gespräch unter dem Gesichtspunkt „misslungene Kommunikation" bewerten.	II	☺ – 😐 – ☹		
3.1 einen literarischen Text umgestalten.	III	☺ – 😐 – ☹		
3.2 einen literarischen Text (Drama) untersuchend erschließen.	III	☺ – 😐 – ☹		

X. Sturm und Drang

Ich kann …	AfB	Bewertung	bearbeitet am:	wiederholt am:
1.1 an einem Text Epochenmerkmale nachweisen.	I	☺ – 😐 – ☹		
1.2 zu einem Text einen literaturgeschichtlichen Bezug herstellen.	II	☺ – 😐 – ☹		
2.1 rhetorische Figuren bestimmen.	I	☺ – 😐 – ☹		
2.2 den Satzbau eines Textes beschreiben.	II	☺ – 😐 – ☹		
3.1 die Äußerungen einer literarischen Figur bewerten.	III	☺ – 😐 – ☹		
3.2 einen literarischen Text (Lyrik) untersuchend erschließen.	III	☺ – 😐 – ☹		

XI. Aufklärung

Ich kann …	AfB	Bewertung	bearbeitet am:	wiederholt am:
1.1 an einem Text Epochenmerkmale nachweisen.	I	☺ – 😐 – ☹		
1.2 Gesprächsziele erkennen und sprachlich-rhetorische Mittel der Umsetzung benennen.	I	☺ – 😐 – ☹		
1.3 die Beziehung von zwei Figuren charakterisieren.	II	☺ – 😐 – ☹		
2.1 einen Text paraphrasieren.	III	☺ – 😐 – ☹		
2.2 die Herkunft von Lehn- bzw. Fremdwörtern erkennen.	I	☺ – 😐 – ☹		
2.3 den Einfluss des Französischen auf das Deutsche im 18. Jhd. erläutern.	III	☺ – 😐 – ☹		
2.4 den Unterschied zwischen Lehn- und Fremdwort definieren.	II	☺ – 😐 – ☹		
2.5 den gegenwärtigen Sprachgebrauch unter einem vorgegebenen Gesichtspunkt charakterisieren.	II	☺ – 😐 – ☹		
3.1 einen Text sprachlich überarbeiten.	II	☺ – 😐 – ☹		
3.2 die Lebenssituation literarischer Figuren unter literaturgeschichtlichen Aspekten vergleichend bewerten.	III	☺ – 😐 – ☹		
3.3 einen literarischen Text (Drama) untersuchend erschließen.	III	☺ – 😐 – ☹		

XII. Barock

Ich kann …	**AfB**	**Bewertung**	**bearbeitet am:**	**wiederholt am:**
1.1 Dichter des Barock bestimmen.	I	☺ – 😐 – ☹		
1.2 eine Gedichtform nachweisen.	I	☺ – 😐 – ☹		
1.3 Ergebnisanzeigen einer Internet-Suchanfrage bewerten.	II	☺ – 😐 – ☹		
2.1 einen älteren Text in heute gültiger Rechtschreibung wiedergeben.	I	☺ – 😐 – ☹		
2.2 rhetorische Figuren an einem Text nachweisen.	II	☺ – 😐 – ☹		
2.3 Sprachentwicklungsstufen nennen und zeitlich einordnen.	II	☺ – 😐 – ☹		
3.1 ein Gedicht aus seinem historischen Kontext heraus analysieren.	II	☺ – 😐 – ☹		
3.2 literarische Texte (Lyrik) vergleichend erschließen.	III	☺ – 😐 – ☹		

XIII. Mittelalter

Ich kann …	**AfB**	**Bewertung**	**bearbeitet am:**	**wiederholt am:**
1.1 Aussagen zu einem bekannten Autor des Mittelalters treffen.				
1.2 wesentliche Merkmale einer Novelle nennen.	I	☺ – 😐 – ☹		
1.3 die Beziehung von Figuren unter dem Gesichtspunkt ihrer sozialen Stellung beschreiben.	II	☺ – 😐 – ☹		
1.4 Informationen aus einem Text anwenden und einen Text entsprechend bewerten.	III	☺ – 😐 – ☹		
2.1 Syntax und Reimfolge zueinander in Beziehung setzen.	II	☺ – 😐 – ☹		
2.2 die Sprache eines Sachtextes beschreiben und bewerten.	III	☺ – 😐 – ☹		
3.1 einen inneren Monolog aus Sicht einer literarischen Figur verfassen.	III	☺ – 😐 – ☹		
3.2 ein Thema ohne Textvorlage erörternd erschließen.	III	☺ – 😐 – ☹		

I. Literatur der Gegenwart

Franzobel (= Stefan Griebl)

Ikea

Hej. Da ist ja Frau Kreil. Frau Kreil ist Schwedin, keine Schwedenbombe[1] von Inzersdorfer, aber sie hat eine schöne neue Einrichtung von Ikea, dem Möbelhaus aus Schweden. Schweden liegt in Norwegen, nein, in Leningrad. In Schweden wohnen nur Blondinen und Tischler, und dann gibt es noch die Lachsfischer und Fleischbällchendreher fürs Ikea-Mittagsmenü. Doch das ist Frau Kreil egal, sie wohnt nicht in Schweden, sondern in ihrer Wohnlandschaft. Frau Kreil sitzt in ihrem Sofa Strömstad und trinkt Schwedentropfen im Tee aus der Teetasse Flenn. Die Teetasse Flenn steht mitsamt dem Tee und den Schwedentropfen auf dem Couchtisch Glasholm. Auch der Bilderrahmen Resling und die Duftkerzen Flutschi und Hui stehen auf dem Couchtisch Glasholm. Außerdem steht dort noch die Gelse[2] Gisela, aber die ist nicht von Ikea. Im Bilderrahmen Resling ist ein Photo von Herrn Kreil. Frau Kreil wartet, dass Herr Kreil nach Hause kommt. Die Gelse Gisela wartet auch auf Herrn Kreil, weil er das süßere Blut hat, zumindest dann, wenn er ein Stück Himbeertorte vom Ikea-Mittagsmenü gegessen hat. Aber ein Blick auf die Küchenuhr Synk zeigt, dass, bis Herr Kreil nach Hause kommt, Frau Kreil noch Zeit hat, den Teppich Vedbaek auszuklopfen. [...] Frau Kreil ist sehr glücklich. Computertisch Jan und Hocker Jens passen, denkt sie, wirklich gut zur Wandvitrine Treldy, zum Esstisch Iggelsund und den vier Stühlen namens Vilma, Vilma, Vilma und Vilma. Ohne die Teetasse Flenn samt Tee und Schwedentropfen aus der Hand nehmen zu müssen, kann sich Frau Kreil mit einer leichten Bewegung im Spiegel Guldross betrachten. Ja, tatsächlich. Frau Kreil ist eine schöne Schwedin. Schöne schwedische Zähne, die sie täglich mit dem Zahnputzbecher Häffig und der Bürste Möllemann putzt. Schöne blonde schwedische Dauerwellen dank der Lockenwickler Trine und dem Föhn Grunka. Aber der größte Stolz von Frau Kreil ist ihr neues Bett namens Björkvalla. Der Lattenrost Fjelberg, die Federkernmatrazen Visdalen, ein Traum. Erst recht der Bettbezug Hadeland. Dazu der Kleiderschrank Lillehammer, die Kommode Bruns und die Nachtkästchen Klinka und Odille sowie die schwedischen Gardinen Gullegulla und Hillekille. Und wenn Herr Kreil, der das alles selber montiert hat, endlich nach Hause kommt, wird er zuerst einen Schwedenbitter trinken und dann sie, seine Frau, Frau Kreil, in seine Arme nehmen, so dass sie die Teetasse Flenn samt Tee und Schwedentropfen auf den Couchtisch Glasholm fallen lassen wird, dieser einen Sprung bekommt, das Polster Blomma auf den Teppich Vedbaek fällt, die Vorhänge Marlis und Birte wehen, und Herr Kreil wird Frau Kreil vorbei an der Wandterrine Treldy, vorbei am Esstisch Iggelsund und den vier Stühlen Vilma, Vilma, Vilma und Vilma in Richtung Schlafzimmer bugsieren. Und Gelse Gisela wird ihnen folgen. Herr Kreil wird Frau Kreil auf das Bett Björkvalla stoßen, so dass sich die Federkernmatraze Visdalen und der Lattenrost Fjelberg ganz schön durchbiegen werden. Und schon fünf Minuten später wird die Gelse Gisela beim Versuch, von den Ikea-Menschen mitzunaschen, erschlagen worden sein, wird Herr Kreil Frau Kreil seine Liebe versichert haben und werden beide in die Küche Pajala gehen, um sich aus dem Flaschenregal Debatt einen Rotwein zu genehmigen und auf ihr Wohl trinken. Sie werden sich küssen und Ikea flüstern. Ich dich auch.

(2003)

[1] *österreichisch für „Mohrenkopf"*
[2] *österreichisch für „Stechmücke"*

Hans Magnus Enzensberger

Das Plebiszit der Verbraucher

Der Bestseller des Jahres ist unter Ausschluß der (literarischen) Öffentlichkeit erschienen; kein Hahn hat nach ihm gekräht, kein Rezensent hat ihn unter die Lupe genommen. Auf der Frankfurter Buchmesse sah man sich vergeblich nach ihm um. Kein Buchändler legt ihn ins Fenster. Trotzdem hat das Werk in wenigen Wochen eine Millionenauflage erlebt. Es ist kein Roman, sondern ein Sach- und Handbuch, das ein eingehendes Studium verlangt. Keiner unter seinen Benutzern stellt es ungelesen in den Bücherschrank. Griffbereit liegt es auf den Küchentischen, auf den Fenstersimsen, auf den Kommoden, und jedermann blättert darin, bis es voller Notizen und Eselsohren ist wie die lateinische Grammatik eines fleißigen Gymnasiasten. Es umfaßt knapp vierhundert Seiten in quarto und ist üppig, beinahe ausschweifend illustriert. Dabei kostet es nur zwei Mark; ja, dem Käufer winkt obendrein noch eine Zuwaage nach eigener Wahl: ein Büstenhalter, eine Taschenlupe, *Monikas lustige Streiche*, eine Kreuzabzweigdose oder sechs Königsberger Klopse.

Vom Herbstkatalog des Versandhauses N. in Frankfurt am Main ist die Rede. Nicht nur für die Kunden der Firma, die es ediert hat, ist dieses Werk unentbehrlich. Politikern und Soziologen, Nationalökonomen und Romanciers ist seine Lektüre auf das dringendste anzuraten. Obgleich es der Werbung dient, gibt es Auskünfte von der striktesten Objektivität, die man sich wünschen kann. Es ist unbestechlicher und genauer als jede demoskopische Untersuchung. [...] Ein Ethnologe aus dem Jahr 3000 könnte aus diesem Katalog genauere und fruchtbarere Schlüsse auf unsere Zustände ziehen als aus unserer ganzen erzählenden Literatur.

Der Katalog des Versandhausese N. in Frankfurt ist ein Bestseller ohne Autor. Er ist anonym nicht nur, weil er eine Gruppe unbekannter Werbetexter zu seinen Verfassern hat, sondern in einem weit radikaleren Sinn. Jene Werbetexter gehorchen den Anweisungen ihres Managements. Diese Anweisungen aber gehorchen ihrerseits der Verkaufsstatistik. Der Erfolg des Angebotes und damit des Kataloges hängt davon ab, daß es ihnen gelingt, den Zufall zu eliminieren. Daß ein Artikel „sich rentiert“, qualifiziert ihn noch nicht zur Aufnahme in diese monströse Offerte. Er muß so beschaffen sein, daß sich eine Mehrheit auf ihn einigen kann. Der Katalog ist somit mehr als das Resultat einer normalen kaufmännischen Kalkulation: er ist das Resultat eines unsichtbaren Plebiszits. [...]

„Das nächste N.-Paket ... bringt Ihnen ganz persönliche Grüße“, verheißt ihm [dem Kunden] die Firma auf eben der Seite, auf der sie ihn davon unterrichtet, daß seine Bestellung automatisch erledigt wird – durch eine Großrechenanlage. Immer wieder wird ihm versichert, er werde „hell begeistert“, „zusätzlich erfreut“ sein. Die Ware wird „schnell alle Herzen erobern“, „durch dankbare Tragfähigkeit erfreuen“, „der Liebe aller Frauen sicher sein“. Sie ist mit „Trageigenschaften ausgestattet“, „mit Gütepaß“ und „Hochveredelung“ „ausgerüstet“. Sie „verdient“ nicht nur „das Prädikat >Wertvoll<“, sie „verdient das Prädikat >Wertvoll< mit Recht“. Die Kleider heißen altdeutsch „Kunigunde“ und „Gundula“, folkloristisch „Grindelwald“ und „Edelweiß“, touristisch „Festival“ und „Ibiza“. „Fawsia“ und „Soraya“ sorgen für den Duft der großen Welt im Mief der Mittelmäßigkeit. Reich vertreten ist das pseudotechnische Rotwelsch, das in Madison Avenue erfunden worden ist. Der Kunde hat die Wahl zwischen IRISETTE und OPTILON, SUPPREMA und KINGFLASH, TUBOFLEX und DANUFLOR, MINICARE und ERBAPRACTIC, SKAI und LAVAFIX, NO IRON FINISH und NINO-IRIX-AUTOMAGIC. Dieses Gemauschel erobert alle Herzen im Nu. [...] „Eine Zierde für den Bücherschrank sind unsere prachtvoll ausgestatteten Geschenkbände“: *Die letzten Tage von Pompeji*, *Friedemann Bach*, *Quo vadis*, *Der Graf von Monte Christo*, *Soll und Haben*, *Ben Hur*, *Der Glöckner von Notre Dame*. Unversehrt, unerschüttert durch Weltkriege steht der Kanon des Kleinbürgers da, in den, freilich aus Versehen, auch der eine oder andere Roman von Tolstoi, Dostojewski und Fontane eingegangen ist. Der reaktionäre Unrat, der sich unter der blankpolierten Polyester-Platte verbirgt, kommt überall zum Vorschein, wo der Katalog Kunstersatz anbietet. [...]

Das sind die Sorgen eines Intellektuellen, der den einfachen Leuten ihre Feierabendfreuden mißgönnt und der Marktwirtschaft, der teuern, am Zeuge flicken möchte; es ist das arrogante Gespöttel eines Snobs, der sich erhaben dünkt über seine Volksgenossen: so werden die Biedermänner keifen, die ihre finstern Geschäfte mit der Behauptung tarnen, über den Geschmack lasse sich nicht streiten. Die Barbarei ist ihr Lebenselement, und was sie Toleranz nennen, ist ein Pseudonym für ihren Zynismus. Ein Zyniker ist jeder, der für den Bewußtseinszustand seiner Mitmenschen nur ein Achselzucken übrig hat. Das deutsche Proletariat und das deutsche Kleinbürgertum lebt heute, 1960, in einem Zustand, der der Idiotie näher ist denn je zuvor. Ist es Snobismus, diese bedrohliche Tatsache mit einem Schrei des Bedauerns festzuhalten? Es liegt uns ferne, Herrn N., den Veranstalter des Katalogs, den wir vor uns haben, zu verteidigen. Die Dienstbereitschaft seiner Firma ist von der Art, die zu allem bereit wäre, was verlangt wird. Aber niemand wird Herrn N. allein in die Schuhe schieben können, was er mit so großer Umsicht registriert und ausnutzt: ein gesellschaftliches Versagen, an dem wir alle schuld sind: unsere Regierung, der die Verblödung einer Mehrheit gelegen zu kommen scheint; unsere Industrie, die ihr blühende Geschäfte verdankt; unsere Gewerkschaften, die nichts gegen eine geistige Ausbeutung unternehmen, von der das materielle Elend der Vergangenheit nicht ahnen konnte; und unsere Intelligenz, welche die Opfer dieser Ausbeutung längst abgeschrieben hat.

(1962)

Auf Wunsch des Autors wurde dieser Text nicht rechtschreibreformiert abgedruckt.

1.1 Stellen Sie dar, welche Absicht der Autor Franzobel mit seinem Text „Ikea" verfolgt. AfB I

1.2 In der Hauptaussage unterscheidet sich die Geschichte „Ikea" aus dem Jahr 2003 nicht von dem Essay „Das Plebiszit der Verbraucher", der 1962 entstanden ist. Auch die gestalterischen Mittel sind zum Teil dieselben. Beschreiben und belegen Sie am Text, welche zentralen gestalterischen Mittel Franzobel und Enzensberger zur Verdeutlichung ihrer Aussageabsicht einsetzen. AfB II

1.3 Die „neue Subjektivität", die schwerpunktmäßig das Ich in der modernen Gesellschaft thematisiert, gilt als Hauptströmung der Gegenwartsliteratur. Überprüfen Sie, ob die Geschichte „Ikea" für die Strömung beispielhaft ist. AfB III

1.4 Erläutern Sie den Begriff „postmoderne Literatur", indem Sie wichtige Kennzeichen dieser Literatur nennen. AfB II

Lösungen: LH S. 1

2.1 Bewerten Sie die Wirkung der von Enzensberger gesammelten Produktnamen und erklären Sie, wie diese zustande kommt. AfB III

Der Kunde hat die Wahl zwischen IRISETTE und OTILON, SUPREMA und KINGFLASH, TUBOFLEX und DANUFLOR, MINICARE und ERBAPRACTIC, SKAI und LAVAFIX, NO IRON FINISH und NINO-IRIX-AUTOMAGIC. [Z. 66–71]

2.2 Stellen Sie über den Gegenstandsbereich von Aufgabe 2.1 hinaus dar, inwieweit sich Enzensbergers Essay auch als sprachkritischer Text verstehen lässt. AfB I

3.1 Gestaltendes Erschließen eines literarischen Textes (Epik): Gestaltende Interpretation

1. Beschreiben Sie als Grundlage für die Bearbeitung der zweiten Teilaufgabe die Lebenssituation von Frau und Herrn Kreil.
2. Schreiben Sie eine Geschichte im Stil von Franzobel, in der Herr Kreil in seinem Werkkeller werkelt oder in der Frau Kreil im Garten arbeitet.
3. Erläutern Sie Ihre Entscheidungen für die Wahl der gestalterischen Mittel in Ihrer Geschichte.

3.2 Erörterndes Erschließen eines pragmatischen Textes (Essay): Texterörterung

1. Fassen Sie die Aussagen Enzensbergers zum „Katalog des Versandhauses N." kurz zusammen.
2. Stellen Sie dar, wie sich Enzensberger gegen den möglichen Vorwurf des Snobismus wehrt.
3. Erörtern Sie, inwieweit die Ausführungen des Autors heute noch Gültigkeit besitzen.

Lösungen: LH S. 1

II. Literatur nach 1945

Ernst Jandl
wien: heldenplatz

*Am 12. März 1938 marschierten die deutschen Truppen in Österreich ein.
Am 15. März verkündete Hitler vor hunderttausenden jubelnden Menschen auf dem Wiener Heldenplatz den „Eintritt meiner Heimat in das Deutsche Reich".*

der glanze heldenplatz zirka
versaggerte in maschenhaftem männchenmeere
drunter auch frauen die ans maskelknie
zu heften heftig sich versuchten, hoffensdick.
und brüllzten wesentlich.

verwogener stirnscheitelunterschwang
nach nöten nördlich, kechelte
mit zu-nummernder aufs bluten feilzer stimme
hinsensend sämmertliche eigenwäscher.

pirsch!
döppelte der gottelbock von Sa-Atz zu Sa-Atz
mit hünig sprenkem stimmstummel.
balzerig würmelte es im männechensee
und den weibern ward so pfingstig ums heil
zumahn: wenn ein knie-ender sie hirschelte.

(*1962*)

Günter Grass
Die Blechtrommel

In Form einer Autobiografie beschreibt der zwergwüchsige Oskar Matzerath unter anderem seine Vergangenheit während des Nationalsozialismus. – Witwe Greff und Oskars Familie: Oskars Vater Alfred, dessen zweite Frau Maria, Oskars Halbbruder Kurt, der gleichzeitig Oskars Sohn ist, halten sich vor den Sowjet-Truppen im Keller ihrer Danziger Wohnung versteckt. Alfred nimmt sicherheitshalber sein NS-Parteiabzeichen, ironisch „Bonbon" genannt, ab.

Fast zaghaft wie ein Kind, das nicht weiß, ob es weiterhin an den Weihnachtsmann glauben soll, stand Matzerath mitten im Keller, zog an seinen Hosenträgern, äußerte erstmals Zweifel am Endsieg und nahm sich auf Anraten der Witwe Greff das Parteiabzeichen vom Rockaufschlag, wußte aber nicht, wohin damit; denn der Keller hatte Betonfußboden, die Greffsche wollte ihm das Abzeichen nicht abnehmen, Maria meinte, er solle es in den Winterkartoffeln verbuddeln, aber die Kartoffeln waren dem Matzerath nicht sicher genug, und nach oben zu gehen, wagte er nicht, denn die mußten bald kommen, wenn sie nicht schon da waren, unterwegs waren, kämpften ja schon bei Brentau und Oliva, als er noch auf dem Dachboden gewesen war, und er bedauerte mehrmals, den Bonbon nicht oben im Luftschutzsand gelassen zu haben, denn wenn die ihn hier unten, mit dem Bonbon in der Hand fanden –, da ließ er ihn fallen, auf den Beton, wollte drauftreten und den wilden Mann spielen, doch Kurtchen und ich, wir waren gleichzeitig drüber her, und ich hatte ihn zuerst, hielt ihn auch weiterhin, als das Kurtchen zuschlug, wie es immer zuschlug, wenn es etwas haben wollte, aber ich gab meinem Sohn nicht das Parteiabzeichen, wollte ihn nicht gefährden; denn mit Russen soll man keine Scherze treiben. Das wußte Oskar noch von seiner Rasputinlektüre her [...].

Als Maria uns mit Hilfe der Witwe Greff trennte, hielt ich den Bonbon siegreich in der linken Faust. Matzerath war froh, dass sein Orden weg war. Maria hatte mit dem heulenden Kurtchen zu tun. Mich stach die offene Nadel in den Handteller. Nach wie vor konnte ich dem Ding keinen Geschmack abgewinnen. Doch als ich dem Matzerath seinen Bonbon gerade hinten, am Rock, wieder ankleben wollte – was ging mich schließlich seine Partei an – da waren sie gleichzeitig über uns im Laden und, was die kreischenden Frauen anging, höchstwahrscheinlich auch in den Nachberkellern.

Als sie die Falltür hoben, stach mich die Nadel des Abzeichens immer noch. [...] Ganz normale, leichtgemischte Russen, schätzte ich, da an die sechs Mann auf der Kellertreppe drängten und über Maschinenpistolen Augen machten. Bei allem Geschrei wirkte beruhigend, daß sich die Ameisen durch den Auftritt der russischen Armee nicht beeinflussen ließen. Die hatten nur Kartoffeln und Zucker im Sinn, während jene mit den Maschinenpistolen vorerst andere Eroberungen anstrebten. Daß die Erwachsenen die Hände hochhoben, fand ich normal. Das kannte man aus den Wochenschauen; auch war es nach der Verteidigung der Polnischen Post ähnlich hingebungsvoll zugegangen. Warum aber das Kurtchen die Erwachsenen nachäffte, bleib mir unerklärlich. Der hätte sich ein Beispiel an mir, seinem Vater – oder wenn nicht am Vater, dann an den Ameisen nehmen sollen. Da sich sogleich drei der viereckigen Uniformen für die Witwe Greff erwärmten, kam etwas Bewegung in die starre Gesellschaft. Die Greffsche, die solch zügigen Andrang nach so langer Witwenschaft und vorhergehender Fastenzeit kaum erwartet hatte, schrie anfangs noch vor Überraschung, fand sich aber schnell in jene, ihr fast in Vergessenheit geratene Lage. [...]

Mich und meine Trommel nahm jemand vom Beton weg auf den Arm und hinderte mich somit, weiterhin und vergleichsweise die Ameisen zu beobachten und an ihrem Fleiß das Zeitgeschehen zu messen. Mein Blech hing mir vor dem Bauch, und der stämmige, großporige Kerl wirbelte mit dicken Fingern, für einen Erwachsenen nicht einmal ungeschickt, einige Takte, zu denen man hätte tanzen können. [...]

Fast wurde es friedlich und familiär in unserem Keller. Die Greffsche lag immer stiller werdend unter drei Kerlen abwechselnd, und als einer von denen genug hatte, wurde Oskar von meinem recht begabten Trommler an einen schwitzenden, in den Augen leicht geschlitzten, nehmen wir an, Kalmücken abgegeben. Während er mich links schon hielt, knöpfte er sich rechts die Hose zu und nahm keinen Anstoß daran, daß sein Vorgänger, mein Trommler, das Gegenteil tat. Dem Matzerath jedoch bot sich kaum Abwechslung. Immer noch stand er vor dem Regal mit den Weißblechdosen voller Leipziger Allerlei, hielt die Hände hoch, zeigte alle Handlinien; doch niemand wollte ihm aus der Hand lesen. [...]

Oskar jedoch, der sich nicht so schnell umstellen konnte, verlegte sich, Ersatz für seine Ameisen suchend, auf das Beobachten mehrer platter, graubräunlicher Tiere, die sich auf dem Kragenrand meines Kalmücken ergingen. Gerne hätte ich eine solche Laus gefangen und untersucht, weil auch in meiner Lektüre, weniger bei Goethe, um so häufiger bei Rasputin von Läusen die Rede war. Weil ich aber mit einer einzigen Hand den Läusen schlecht beikommen konnte, trachtete ich, das Parteiabzeichen loszuwerden. Und um meine Handlungsweise zu erklären, sagt Oskar: Da der Kalmücke schon mehrere Orden an der Brust hatte, hielt ich jenen mich stechenden und am Läusefangen hindernden Bonbon dem seitwärts vor mir stehenden Matzerath mit immer noch geschlossener Hand hin.

Man kann jetzt sagen, das hätte ich nicht tun sollen. Man kann aber auch sagen: Matzerath hätte nicht zuzugreifen brauchen.

Er griff zu. Ich war den Bonbon los. Matzerath erschrak nach und nach, als er das Zeichen seiner Partei zwischen den Fingern spürte. Mit nunmehr freien Händen wollte ich nicht Zeuge sein, was Matzerath mit dem Bonbon tat. Zu zerstreut, um den Läusen nachgehen zu können, wollte Oskar sich abermals auf die Ameisen konzentrieren, bekam aber doch eine rasche Armbewegung Matzeraths mit, sagt jetzt, da ihm nicht einfällt, was er damals dachte: Es wäre vernünftiger gewesen, das bunte runde Ding ruhig in der geschlossenen Hand zu halten.

Er aber wollte es loswerden und fand trotz seiner oft erprobten Phantasie als Koch und Dekorateur des Kolonialwarenladens kein anderes Versteck als seine Mundhöhle.

Wie wichtig solch eine kurze Handbewegung sein kann! Von der Hand in den Mund, das reichte aus, die beiden Iwans, die links und rechts friedlich neben Maria gesessen hatten, zu erschrecken und von dem Luftschutzbett aufzujagen. Mit Maschinenpistolen standen sie von Matzeraths Bauch, und jedermann konnte sehen, dass Matzerath versuchte, etwas zu verschlucken.

Hätte er doch zuvor wenigstens mit drei Fingern die Nadel des Parteiabzeichens geschlossen. Nun würgte er an dem sperrigen Bonbon, lief rot an, bekam dicke Augen, hustete, weinte, lachte und konnte bei all den gleichzeitigen Gemütsbewegungen die Hände nicht mehr oben behalten. Das jedoch duldeten die Iwans nicht. Sie schrien und wollten wieder seine Handteller sehen. Aber Matzerath hatte sich vollkommen auf seine Atmungsorgane eingestellt. Selbst husten konnte er nicht mehr richtig, geriet aber ins Tanzen und Armeschleudern, fegte einige Weißblechdosen voller Leipzigr Allerlei vom Regal und bewirkte, dass mein Kalmücke, der bisher ruhig und leichtgeschlitzt

zugesehen hatte, mich behutsam absetze, hinter sich langte, etwas in die Waagrechte brachte und aus der Hüfte heraus schoß, ein ganzes Magazin leer schoß, schoß, bevor Matzerath ersticken konnte.
Was man nicht alles tut, wenn das Schicksal seinen Auftritt hat! Während mein mutmaßlicher Vater die Partei verschluckte und starb, zerdrückte ich, ohne es zu merken oder zu wollen, zwischen den Fingern eine Laus, die ich dem Kalmücken kurz zuvor abgefangen hatte.

(1959)

Auf Wunsch des Autors wurde dieser Text nicht rechtschreibreformiert abgedruckt.

Peter Weiss

Die Ermittlung

Peter Weiss verfolgte vom Dezember 1963 bis zum August 1965 den Prozess gegen die Wachmannschaft des Konzentrationslagers Auschwitz-Birkenau in Frankfurt. Auf der Grundlage seiner Gedächtnisprotokolle entstand das Dokumentarstück „Die Ermittlung". Der folgende Auszug stammt aus dem 6. Gesang.

Gesang vom Unterscharführer Stark

II
[...]

Zeuge 7 Mein ganzes Leben lang sehe ich Stark
immer Stark
Ich höre wie er ruft
Los rein ihr Schweinehunde
und da mussten wir hinein in die Kammer
Richter In welche Kammer
Zeuge 7 In die Leichenkammer des alten Krematoriums
Da lagen mehrere 100 Männer
Frauen und Kinder
wie Pakete
Auch Kriegsgefangene waren darunter
Los
Leichen ausziehn
rief Stark
Ich war 18 Jahre alt
und hatte noch keine Toten gesehn
Ich blieb stehen
da schlug Stark auf mich ein [...]
Richter Mussten die Menschen sich nicht
vorher ausziehen
Zeuge 7 Das war später
in den neuen Krematorien
da gab es Auskleideräume
Richter War Stark dort auch dabei
Zeuge 7 Immer wieder war Stark dabei
Ich höre ihn rufen
Los
Klamotten einsammeln
Einmal hatte sich ein kleiner Mann
unter einem Kleiderhaufen versteckt
Stark entdeckte ihn
Komm her rief er
und stellte ihn an die Wand
Er schoss ihm erst in das eine Bein
und dann in das andere
zum Schluss
musste er sich auf eine Bank setzen
und Stark schoss ihn tot [...]
Richter Herr Zeuge
Wann sahen Sie den Angeklagten Stark
zum ersten Mal bei diesen Tötungen
Zeuge 7 Im Herbst 1941
Richter Waren dies die ersten Tötungen
durch Gas
Zeuge 7 Ja [...]
Richter Angeklagter Stark
Wie groß waren die Gruppen der Menschen
die Sie zur Tötung abzuführen hatten
Angeklagter 12 Im Durchschnitt 150 bis 200 Stück
Richter Waren Frauen und Kinder darunter
Angeklagter 12 Ja
Richter Fanden Sie es richtig
dass Frauen und Kinder
zu diesen Transporten gehörten
Angeklagter 12 Ja
Damals bestand eben
die Sippenhaftung [...]
Richter Sahen Sie auch Kriegsgefangene
zwischen diesen Menschen
Angeklagter 12 Ja
Diese Gefangenen hatten laut Befehl
jeden Anspruch auf ehrenhafte Behandlung
verloren
Ankläger Angeklagter Stark
Im Herbst 1941 wurden große Mengen sowje-

tischer
Kriegsgefangener
in das Lager eingeliefert
Unseren Protokollen nach waren Sie zuständig
für die Bearbeitung dieser Kontingente

Angeklagter 12 Ich hatte mit diesen Transporten
nur Auftragsmäßiges zu tun

Ankläger Was bedeutet Auftragsmäßiges

Angeklagter 12 Ich hatte sie lediglich abzuführen
und ihre Karteikarten mit dem Vermerk
des Erschießungsbefehls
entgegenzunehmen
Des Weiteren hatte ich ihre Erkennungsmarken
abzubrechen
und die Nummern in der Kartei zu verwahren

Ankläger Welcher Grund
war für die Erschießung der Kriegsgefangenen
angegeben worden

Angeklagter 12 Es handelte sich um die Vernichtung
einer Weltanschauung
Mit ihren fanatischen politischen Einstellungen
gefährdeten diese Gefangenen
die Sicherheit des Lagers

Ankläger Wo wurden die Erschießungen ausgeführt

Angeklagter 12 Im Hof von Block Elf

Ankläger Nahmen Sie an den Erschießungen teil

Angeklagter 12 In einem Falle
ja [...]

Ankläger Wie viele haben Sie erschossen

Angeklagter 12 Das weiß ich nicht mehr

Ankläger Waren es mehr als einer

Angeklagter 12 Ja

Ankläger Mehr als 2

Angeklagter 12 4 bis 5 werden es schon gewesen sein

Ankläger Sträubten Sie sich nicht
an der Erschießung teilzunehmen

Angeklagter 12 Es war ja Befehl
Ich hatte hier als Soldat zu handeln

(1965)

1.1 Ordnen Sie die folgenden Termini den Textstellen aus dem Roman „Die Blechtrommel" zu, die sie erzähltechnisch eindeutig belegen. AfB I

Erzählform (Er-Erzähler) – erzähltes Geschehen – Erzählform (Ich-Erzähler) – Ebene des Erzählvorgangs

A *Ich war den Bonbon los* [Z. 105]:

______

B *wollte Oskar sich abermals auf die Ameisen konzentrieren* [Z. 110 f.]:

______

C *sagt jetzt, da ihm nicht einfällt, was er damals dachte* [Z. 112 f.]:

______

D *Matzerath erschrak* [Z. 105 f.]:

______

1.2 Charakterisieren Sie die Erzählhaltung in den folgenden beiden Textstellen aus dem Roman „Die Blechtrommel"; begründen Sie Ihre Einschätzung. AfB II

A *Fast zaghaft wie ein Kind, das nicht weiß, ob es weiterhin an den Weihnachtsmann glauben soll, stand Matzerath mitten im Keller, zog an seinen Hosenträgern, äußerte erstmals Zweifel am Endsieg ...* [Z. 1–4]

______

______

______

______

______

Lösungen: LH S. 1

B *Dem Matzerath jedoch bot sich kaum Abwechslung. Immer noch stand er vor dem Regal mit den Weißblechdosen voller Leipziger Allerlei, hielt die Hände hoch, zeigte alle Handlinien; doch niemand wollte ihm aus der Hand lesen.* [Z. 81–85]

1.3 Stellen Sie dar, was man unter der Bezeichnung „Gruppe 47", der auch Günter Grass angehörte, versteht. AfB I

1.4 Beschreiben Sie die Redestrategie des Angeklagten 12 in dem Auszug aus „Die Ermittlung". AfB I

1.5 Welche zentralen Bildbereiche vermischt Jandl in seinem Gedicht „wien: heldenplatz"? Nennen Sie die Bereiche und belegen Sie diese am Text. AfB I

1.6 Vergleichen Sie die Wahrnehmungsebenen der unterschiedlichen Texte bzw. Textauszüge und stellen Sie die Spezifik des jeweiligen Textes dar. AfB II

Lösungen: LH S. 1f.

2.1 Bestimmen Sie die markierten Verbformen aus dem Roman „Die Blechtrommel" nach Tempus, Modus und Genus Verbi und erläutern Sie kurz ihre Verwendung. AfB II

Oskar ... bekam (1) *aber doch eine rasche Armbewegung Matzeraths mit, sagt* (2) *jetzt, da ihm nicht einfällt, was er damals dachte: Es wäre* (3) *vernünftiger gewesen, das bunte runde Ding ruhig in der geschlossenen Hand zu halten.* [Z. 110–115]

(1) ____________________

(2) ____________________

(3) ____________________

2.2 Analysieren Sie die Verwendungsweise des Wortes „Bonbon" im Textauszug aus dem Roman „Die Blechtrommel" mit Hilfe der Begriffe Konnotat und Denotat. Erklären Sie in diesem Zusammenhang, weshalb der Wortgebrauch im Text komische Züge trägt. AfB III

2.3 Beschreiben Sie die äußere Textgestalt des Dramas „Die Ermittlung" und erklären Sie ihre Funktion. AfB II

Lösungen: LH S. 2

2.4 Beschreiben Sie, wie die folgenden Wortneuschöpfungen aus dem Gedicht „wien: heldenplatz" gebildet sind bzw. welche stilistische Auffälligkeit sie aufweisen. Beachten Sie dabei auch den Kontext bzw. die grammatische Funktion der Wörter. AfB II

A *glanze* [Z. 1]:

____

B *heften heftig* [Z. 4]:

____

C *Sa-Atz* [Z. 11]:

____

D *stimmstummel* [Z. 12]:

____

E *pfingstig* [Z. 14]:

____

3.1 Nehmen Sie Stellung zur Frage, ob Oskar eine Mitschuld am Tode seines Vaters Alfred Matzerath triff. Schreiben Sie in Ihren Hefter. AfB III

3.2 Recherchieren Sie, welche Regelungen bei rechtswidrigen Befehlen heute in der Bundeswehr gelten. Dokumentieren Sie Ihren Rechercheweg und stellen Sie das wesentliche Ergebnis Ihrer Recherche kurz dar. AfB II

Ergebnis:

____

____

____

____

____

____

____

3.3 Verfassen Sie ein Gedicht über eine Veranstaltung Ihrer Wahl (z. B. eine Party, ein Stadionbesuch, ein Rockkonzert usw.). Bedienen Sie sich derselben Mittel wie Ernst Jandl in seinem Gedicht „wien: heldenplatz". Schreiben Sie in Ihren Hefter. AfB III

3.4 Untersuchendes Erschließen eines literarischen Textes (Epik): Textinterpretation

1. Analysieren Sie den vorliegenden Auszug aus dem Roman „Die Blechtrommel" unter dem Aspekt der Erzählstrategie.
2. Wie wird durch die erzählerischen Mittel die dargestellte Wirklichkeit bewertet?
3. Begründen Sie am Beispiel der Erzählstrategie die literaturgeschichtliche Einordnung des Romans „Die Blechtrommel" als „modernen Roman".

Lösungen: LH S. 2

III. Literatur der Weimarer Republik

Bertolt Brecht

Leben des Galilei

I

GALILEO GALILEI, LEHRER DER MATHEMATIK ZU PADUA, WILL DAS NEUE KOPERNIKANISCHE WELTSYSTEM BEWEISEN.

In dem Jahr sechzehnhundertundneun
Schien das Licht des Wissens hell
Zu Padua aus einem kleinen Haus.
Galileo Galilei rechnete aus:
Die Sonn steht still, die Erd kommt von der Stell.

Das ärmliche Studierzimmer des Galilei in Padua. Es ist morgens. Ein Knabe, Andrea, der Sohn der Haushälterin, bringt ein Glas Milch und einen Wecken.

GALILEI *sich den Oberkörper waschend, prustend und fröhlich*: Stell die Milch auf den Tisch, aber klapp kein Buch zu.

ANDREA Mutter sagt, wir müssen den Milchmann bezahlen. Sonst macht er bald einen Kreis um unser Haus, Herr Galilei.

GALILEI Es heißt: er beschreibt einen Kreis, Andrea.

ANDREA Wie Sie wollen. Wenn wir nicht bezahlen, dann beschreibt er einen Kreis um uns, Herr Galilei.

GALILEI Während der Gerichtsvollzieher, Herr Cambione, schnurgerade auf uns zu kommt, indem er was für eine Strecke zwischen zwei Punkten wählt?

ANDREA *grinsend*: Die kürzeste.

GALILEI Gut. Ich habe was für dich. Sieh hinter den Sterntafeln nach.

Andrea fischt hinter den Sterntafeln ein großes hölzernes Modell des ptolemäischen Systems[1] *hervor.*

ANDREA Was ist das?

GALILEI Das ist ein Astrolab; das Ding zeigt, wie sich die Gestirne um die Erde bewegen, nach Ansicht der Alten.

ANDREA Wie?

GALILEI Untersuchen wir es. Zuerst das erste: Beschreibung.

ANDREA In der Mitte ist ein kleiner Stein.

GALILEI Das ist die Erde.

ANDREA Drum herum sind, immer übereinander, Schalen.

GALILEI Wie viele?

ANDREA Acht.

GALILEI Das sind die kristallnen Sphären.

ANDREA Auf den Schalen sind Kugeln angemacht …

GALILEI Die Gestirne.

ANDREA Da sind Bänder, auf die sind Wörter gemalt.

GALILEI Was für Wörter?

ANDREA Sternnamen.

GALILEI Als wie?

ANDREA Die unterste Kugel ist der Mond, steht drauf. Und darüber ist die Sonne.

GALILEI Und jetzt laß die Sonne laufen.

ANDREA *bewegt die Schalen*: Das ist schön. Aber wir sind so eingekapselt.

GALILEI *sich abtrocknend*: Ja, das fühlte ich auch, als ich das Ding zum ersten Mal sah. Einige fühlten das. Er wirft Andrea das Handtuch zu, daß er ihm den Rücken abreibe. Mauern und Schalen und Unbeweglichkeit! Durch zweitausend Jahre glaubte die Menschheit, daß die Sonne und alle Gestirne des Himmels sich um sie drehten. Der Papst, die Kardinäle, die Fürsten, die Gelehrten, Kapitäne, Kaufleute, Fischweiber und Schulkinder glaubten, unbeweglich in dieser kristallenen Kugel zu sitzen. Aber jetzt fahren wir hinaus, Andrea, in großer Fahrt. Denn die alte Zeit ist herum, und es ist eine neue Zeit. Seit hundert Jahren ist es, als erwarte die Menschheit etwas.
Die Städte sind eng, und so sind die Köpfe. Aberglauben und Pest. Aber jetzt heißt es: da es so ist, bleibt es nicht so. Denn alles bewegt sich, mein Freund.

---

[1] *nach Claudius Ptolemaeus (um 100–175) benanntes Weltbild, in dem die Erde den festen Mittelpunkt des Weltalls bildet*

Ich denke gerne, daß es mit den Schiffen anfing. Seit Menschengedenken waren sie nur an den Küsten entlang gekrochen, aber plötzlich verließen sie die Küsten und liefen aus über alle Meere.
Auf unserem alten Kontinent ist ein Gerücht entstanden: es gibt neue Kontinente. Und seit unsere Schiffe zu ihnen fahren, spricht es sich auf den lachenden Kontinenten herum: das große gefürchtete Meer ist ein kleines Wasser. Und es ist eine große Lust aufgekommen, die Ursachen aller Dinge zu erforschen: warum der Stein fällt, den man losläßt, und wie er steigt, wenn man ihn hochwirft. Jeden Tag wird etwas gefunden. Selbst die Hundertjährigen lassen sich noch von den Jungen ins Ohr schreien, was Neues entdeckt wurde.
Da ist schon viel gefunden, aber da ist mehr, was noch gefunden werden kann. Und so gibt es wieder zu tun für neue Geschlechter.
In Siena, als junger Mensch, sah ich, wie ein paar Bauleute eine tausendjährige Gepflogenheit, Granitblöcke zu bewegen, durch eine neue und zweckmäßigere Anordnung der Seile ersetzten, nach einem Disput von fünf Minuten. Da und dann wußte ich: die alte Zeit ist herum, und es ist eine neue Zeit. Bald wird die Menschheit Bescheid wissen über ihre Wohnstätte, den Himmelskörper, auf dem sie haust. Was in alten Büchern steht, das genügt ihr nicht mehr.
Denn wo der Glaube tausend Jahre gesessen hat, eben da sitzt jetzt der Zweifel. Alle Welt sagt: ja, das steht in den Büchern, aber laßt uns selbst sehn. Den gefeiertsten Wahrheiten wird auf die Schulter geklopft; was nie bezweifelt wurde, das wird jetzt bezweifelt.
Dadurch ist eine Zugluft entstanden, welche sogar den Fürsten und Prälaten die goldbestickten Röcke lüftet, so daß fette und dürre Beine darunter sichtbar werden, Beine wie unsere Beine. Die Himmel, hat es sich herausgestellt, sind leer. Darüber ist ein fröhliches Gelächter entstanden.
Aber das Wasser der Erde treibt die neuen Spinnrocken, und auf den Schiffswerften, in den Seil- und Segelhäusern regen sich fünfhundert Hände zugleich in einer neuen Anordnung.
Ich sage voraus, daß noch zu unsern Lebzeiten auf den Märkten von Astronomie gesprochen werden wird. Selbst die Söhne der Fischweiber werden in die Schulen laufen. Denn es wird diesen neuerungssüchtigen Menschen unserer Städte gefallen, daß eine neue Astronomie nun auch die Erde sich bewegen läßt. Es hat immer geheißen, die Gestirne sind an einem kristallenen Gewölbe angeheftet, daß sie nicht herunterfallen können. Jetzt haben wir Mut gefaßt und lassen sie im Freien schweben, ohne Halt, und sie sind in großer Fahrt, gleich unseren Schiffen, ohne Halt und in großer Fahrt.
Und die Erde rollt fröhlich um die Sonne, und die Fischweiber, Kaufleute, Fürsten und die Kardinäle und sogar der Papst rollen mit ihr.
Das Weltall hat über Nacht seinen Mittelpunkt verloren, und am Morgen hatte es deren unzählige. So daß jetzt jeder als Mittelpunkt angesehen wird und keiner. Denn da ist viel Platz plötzlich.
Unsere Schiffe fahren weit hinaus, unsere Gestirne bewegen sich weit im Raum herum, selbst im Schachspiel die Türme gehen neuerdings weit über alle Felder.
Wie sagt der Dichter? „O früher Morgen des Beginnens! …“

ANDREA „O früher Morgen des Beginnens!
O Hauch des Windes, der
Von neuen Küsten kommt!“
Und Sie müssen Ihre Milch trinken, denn dann kommen sofort wieder Leute.

GALILEI Hast du, was ich dir gestern sagte, inzwischen begriffen?

ANDREA Was? Das mit dem Kippernikus seinem Drehen?

GALILEI Ja.

ANDREA Nein. Warum wollen Sie denn, daß ich es begreife? Es ist sehr schwer, und ich bin im Oktober erst elf.

GALILEI Ich will gerade, daß auch du es begreifst. Dazu, daß man es begreift, arbeite ich und kaufe die teuren Bücher, statt den Milchmann zu bezahlen.

ANDREA Aber ich sehe doch, daß die Sonne abends woanders hält als morgens. Da kann sie doch nicht stillstehn! Nie und nimmer.

GALILEI Du siehst! Was siehst du? Du siehst gar nichts. Du glotzt nur. Glotzen ist nicht sehen. Er stellt den eisernen Waschschüsselständer in die Mitte des Ständers. Also das ist die Sonne. Setz dich. *Andrea setzt sich auf den einen Stuhl. Galilei steht hinter ihm.* Wo ist die Sonne, rechts oder links?

ANDREA Links.

GALILEI Und wie kommt sie nach rechts?

ANDREA Wenn Sie sie nach rechts tragen, natürlich.

GALILEI Nur so? *Er nimmt ihn mitsamt dem Stuhl auf und vollführt mit ihm eine halbe Drehung.* Wo ist jetzt die Sonne?

ANDREA Rechts.

GALILEI Und hat sie sich bewegt?

ANDREA Das nicht.

GALILEI Was hat sich bewegt?
ANDREA Ich.
GALILEI *brüllt*: Falsch! Dummkopf! Der Stuhl!
ANDREA Aber ich mit ihm!
GALILEI Natürlich. Der Stuhl ist die Erde. Du sitzt drauf.

(1938)

Auf Wunsch des Autors wurde dieser Text nicht rechtschreibreformiert abgedruckt.

Papst Johannes Paull II.

Schmerzliches Missverständnis im „Fall Galilei" überwunden

Ansprache von Papst Johannes Paul II. an die Päpstliche Akademie der Wissenschaften am 31.10.1992

[...] Vielleicht wird man sich darüber wundern, dass ich am Ende einer Studienwoche der Akademie zum Thema der Komplexität der verschiedenen Wissenschaften auf den Fall Galilei zurückkomme. Ist dieser Fall denn nicht längst abgeschlossen, und sind die begangenen Irrtümer nicht längst anerkannt?

Gewiss stimmt das. Doch die diesem Fall zugrunde liegenden Probleme betreffen sowohl die Natur der Wissenschaft wie die der Glaubensbotschaft. Es ist daher nicht auszuschließen, dass wir uns eines Tages vor einer analogen Situation befinden, die von den beiden Teilen ein waches Bewusstsein vom eigenen Zuständigkeitsbereich und seinen Grenzen erfordern wird. Das Thema der Komplexität könnte dann einen Hinweis liefern. [...]

Es ist eine Pflicht der Theologen, sich regelmäßig über die wissenschaftlichen Ergebnisse zu informieren, um eventuell zu prüfen, ob sie diese in ihrer Reflexion berücksichtigen oder ihre Lehre anders formulieren müssen.

Wenn die heutige Kultur von einer Tendenz der Wissenschaftsgläubigkeit gekennzeichnet ist, war der kulturelle Horizont der Zeit des Galilei einheitlich und von einer besonderen philosophischen Bildung geprägt. Dieser einheitliche Charakter einer Kultur, der an sich auch heute positiv und wünschenswert wäre, war einer der Gründe für die Verurteilung des Galilei. Die Mehrheit der Theologen vermochte nicht formell zwischen der Heiligen Schrift und ihrer Deutung zu unterscheiden, und das ließ sie eine Frage der wissenschaftlichen Forschung unberechtigterweise auf die Ebene der Glaubenslehre übertragen. [...]

Ausgehend vom Zeitalter der Aufklärung bis in unsere Tage hat der Fall Galilei eine Art Mythos gebildet, in dem das dargelegte Bild der Ereignisse von der Wirklichkeit weit entfernt war. In dieser Perspektive war dann der Fall Galilei zum Symbol für die angebliche Ablehnung des wissenschaftlichen Fortschritts durch die Kirche oder des dogmatischen „Obskurantentums" gegen die freie Erforschung der Wahrheit geworden. Dieser Mythos hat in der Kultur eine erhebliche Rolle gespielt und dazu beigetragen, zahlreiche Männer der Wissenschaft in gutem Glauben denken zu lassen, der Geist der Wissenschaft und ihre Ethik der Forschung auf der einen Seite sei mit dem christlichen Glauben auf der anderen Seite unvereinbar. Ein tragisches gegenseitiges Unverständnis wurde als Folge eines grundsätzlichen Gegensatzes von Wissen und Glauben hingestellt. Die durch die jüngeren historischen Forschungen erbrachten Klärungen gestatten uns nun die Feststellung, dass dieses schmerzliche Missverständnis inzwischen der Vergangenheit angehört.

Der Fall Galilei kann uns eine bleibend aktuelle Lehre sein für ähnliche Situationen, die sich heute bieten und in Zukunft ergeben können.

Zur Zeit des Galilei war eine Welt ohne physischen Bezugspunkt unvorstellbar. Und da der damals bekannte Kosmos sozusagen auf das Sonnensystem beschränkt war, konnte man diesen Bezugspunkt nicht entweder auf die Erde oder auf die Sonne verlegen. Heute hat keiner dieser beiden Bezugspunkte nach Einstein und angesichts der heutigen Kenntnis des Kosmos mehr die Bedeutung von damals. [...]

Eine weitere Lehre ist die Tatsache, dass die verschiedenen Wissenschaftszweige unterschiedlicher Methoden bedürfen. Galilei, der praktisch die experimentelle Methode erfunden hat, hat, dank seiner genialen Vorstellungskraft als Physiker und auf verschiedene Gründe gestützt, verstanden, dass nur die Sonne als Zentrum der Welt, wie sie damals bekannt war, also als Planetensystem, infrage kam. Der Irrtum der Theologen von damals bestand dagegen am Festhalten an der Zentralstellung der Erde in der Vorstellung, unsere Kenntnis der Strukturen der physischen Welt wäre irgendwie vom Wortsinn der Heiligen Schrift gefordert.

Doch müssen wir uns hier an das berühmte Wort erinnern, das dem Baronius zugeschrieben wird: „Der Heilige Geist wollte uns zeigen, wie wir in den Himmel kommen, nicht wie der Himmel im Einzelnen aussieht.“ Tatsächlich beschäftigt sich die Bibel nicht mit den Einzelheiten der physischen Welt, deren Kenntnis der Erfahrung und dem Nachdenken des Menschen anvertraut wird. Es gibt also zwei Bereiche des Wissens. Der eine hat seine Quelle in der Offenbarung, der andere aber kann von der Vernunft mit ihren eigenen Kräften entdeckt werden. Zum letzteren Bereich gehören die experimentellen Wissenschaften und die Philosophie. Die Unterscheidung der beiden Wissensbereiche darf aber nicht als Gegensatz verstanden werden. Beide Bereiche sind vielmehr einander durchaus nicht fremd, sie besitzen vielmehr Begegnungspunkte. Dabei gestattet die Methode eines jeden Bereiches, unterschiedliche Aspekte der Wahrheit herauszustellen.

(1992)

1.1 Stellen Sie die Merkmale der alten und neuen Zeit, wie sie Galilei nennt, übersichtsartig gegenüber. AfB I

alte Zeit	neue Zeit

1.2 Ordnen Sie die Zeit der Handlung im „Leben des Galilei“ der richtigen Geschichtsepoche zu und erläutern Sie, auf welche Epochen Galilei mit den nachfolgenden Zeitangaben verweist. AfB II

A *Zeit der Handlung* in „Leben des Galilei“:

B *Durch zweitausend Jahre* [Z. 50]:

C *tausendjährige Gepflogenheit* [Z. 85], *tausend Jahre* [Z. 94]:

D *Seit hundert Jahren ist es, als …* [Z. 58]:

Lösungen: LH S. 2 f.

1.3 Charakterisieren Sie Galilei, wie er von Brecht im ersten Bild als Figur eingeführt wird. Erläutern Sie in diesem Zusammenhang, weshalb Galilei will, dass gerade Andrea „es" begreift. AfB II

1.4 Erläutern Sie kurz, was man unter „epischem Theater" versteht, und stellen Sie dar, wie sich diese Konzeption in dem kurzen Ausschnitt aus dem „Leben des Galilei" zeigt. AfB II

1.5 Vergleichen Sie die dramaturgischen Grundlagen des „epischen Theaters" mit denen des „Agitprop-Theaters" der Weimarer Republik. Nennen Sie einen wichtigen Begründer des „Agitprop-Theaters". AfB II

1.6 Als wichtige Strömung innerhalb der Literatur der Weimarer Republik gilt die „Neue Sachlichkeit". Erläutern Sie diesen Begriff und nennen Sie zwei literarische Werke der „Neuen Sachlichkeit" und ihre Verfasser. AfB II

Lösungen: LH S. 3

2.1 Mit der folgenden Äußerung Andreas wird Kindersprache nachgeahmt.

Was? Das mit dem Kippernikus seinem Drehen? [Z. 143 f.]

A Benennen Sie stichwortartig die sprachlichen Mittel, die Brecht hier einsetzt. AfB I

____

____

____

____

____

____

B Erläutern Sie, ob die Kindersprache (ähnlich wie die Jugendsprache oder Berufs- bzw. Fachsprachen) eine Sprachvarietät des Deutschen darstellt. Definieren Sie dabei den Begriff der „Sprachvarietät". Diskutieren Sie diese Frage in Ihrer Klasse oder schreiben Sie eine Begründung in ihren Hefter. AfB II

2.2 Schreiben Sie aus dem nachfolgenden Satzgefüge das Prädikat und das Subjekt des Hauptsatzes heraus. AfB I

Galilei, der praktisch die experimentelle Methode erfunden hat, hat, dank seiner genialen Vorstellungskraft als Physiker und auf verschiedene Gründe gestützt, verstanden, dass nur die Sonne als Zentrum der Welt, wie sie damals bekannt war, also als Planetensystem, infrage kam. [Z. 68–73]

Subjekt: ______________________ Prädikat: ______________________

2.3 In der Ansprache des Papstes ist vom *Wortsinn der Heiligen Schrift* [Z. 77 f.] die Rede. Erläutern Sie, was mit dem Ausdruck „Wortsinn" gemeint ist und welche anderen Sinnarten es gibt. Illustrieren Sie Ihre Darstellung an einem alltagssprachlichen Beispiel. AfB II

____

____

____

____

____

____

____

3.1 Verfassen Sie einen kurzen Bericht über die Rede des Papstes, wie Sie am nächsten Tag hätte in der Zeitung stehen können. Angaben, die Ihnen fehlen, können Sie ergänzen. Schreiben Sie in Ihren Hefter. AfB III

3.2 Untersuchendes Erschließen eines pragmatischen Textes (Rede): Textanalyse

1. Analysieren Sie die Ansprache von Papst Johannes Paul II. und stellen Sie dar, aus welchem Wissenschaftsverständnis heraus der Papst argumentiert.
2. Galilei wurde 1633 von der Kirche gezwungen, der „falschen Meinung" abzuschwören, dass die Erde nicht Mittelpunkt der Welt ist und sich bewegt. Sehen Sie Galilei durch die Papstansprache rehabilitiert?

Lösungen: LH S. 3

IV. Literatur um 1900

Rainer Maria Rilke

Ich fürchte mich so vor der Menschen Wort

Ich fürchte mich so vor der Menschen Wort.
Sie sprechen alles so deutlich aus:
Und dieses heißt Hund und jenes heißt Haus,
und hier ist Beginn und das Ende dort.

Mich bangt auch ihr Sinn, ihr Spiel mit Spott,
sie wissen alles, was wird und war;
kein Berg ist ihnen mehr wunderbar;
ihr Garten und Gut grenzt grade an Gott.

Ich will immer warnen und wehren: Bleibt fern.
Die Dinge singen hör ich so gern.
Ihr rührt sie an: sie sind starr und stumm.
Ihr bringt mir alle die Dinge um.

(*1899*)

August Stramm

Angststurm

Grausen
Ich und Ich und Ich und Ich
Grausen Brausen Rauschen Grausen
Träumen Splittern Branden Blenden
Sterneblenden Brausen Grausen
Rauschen
Grausen
Ich.

(*1918*)

Ferdinand de Saussure

Stellung der Sprache innerhalb der menschlichen Rede

Ferdinand de Saussure [franz. so'sy:r] gilt als bedeutendster Sprachwissenschaftler des 20. Jahrhunderts. Seine Vorlesungen zur Einführung in die Sprachwissenschaft, die er als Genfer Professor gehalten hat, wurden von seinen Schülern nach seinem Tode unter dem Titel „Cours de linguistique générale" 1916 herausgegeben (dt. „Grundfragen der allgemeinen Sprachwissenschaft") und leiteten nicht nur eine neue Ära der Sprachwissenschaft ein, sondern legten auch die Grundlagen für den Strukturalismus, die Forschungsrichtung, welche die Sprache als Zeichensystem untersucht und erfasst.

Um festzustellen, welches Gebiet die Sprache in der Gesamtheit der menschlichen Rede einnimmt, muss man sich den individuellen Vorgang vergegenwärtigen, welcher den Kreislauf des Sprechens darzustellen gestattet. Dieser Vorgang setzt mindestens zwei Personen voraus; das ist als Minimum erforderlich, damit der Kreislauf vollständig sei. Wir nehmen also an zwei Personen, A und B, welche sich unterreden.

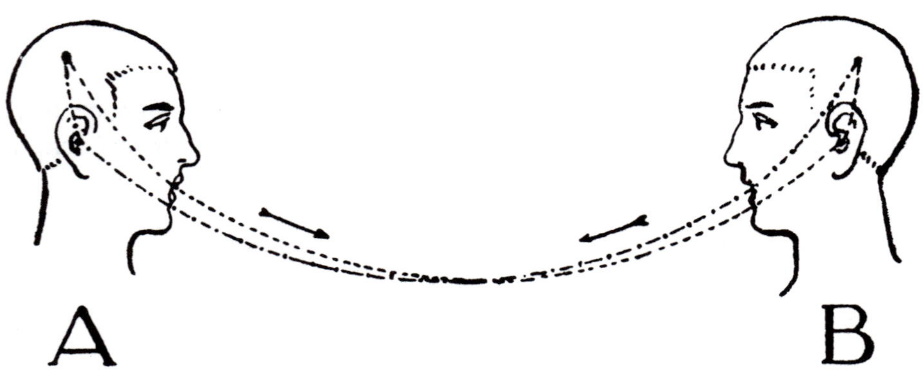

Der Ausgangspunkt des Kreislaufs liegt im Gehirn des Einen, z.B. A, wo die Bewusstseinsvorgänge, die wir Vorstellungen schlechthin nennen wollen, mit den Vorstellungen der sprachlichen Zeichen oder akustischen Bilder assoziiert sind, welche zu deren Ausdruck dienen. Stellen wir uns vor, dass eine gegebene Vorstellung im Gehirn ein Lautbild auslöst: das ist durchaus ein psychischer Vorgang, dem seinerseits ein physiologischer Prozess folgt: das Gehirn übermittelt den Sprechorganen einen Impuls, der dem Lautbild entspricht; dann breiten sich die Schallwellen aus dem Munde des A zum Ohr des B hin: ein rein physikalischer Vorgang. Dann setzt sich der Kreislauf bei B fort in umgekehrter Reihenfolge: vom Ohr zum Gehirn, physiologische Übertragung des Lautbildes; im Gehirn psychologische Assoziation dieses Lautbildes mit den entsprechenden Vorstellungen. Wenn B seinerseits spricht, wird dieser neue Vorgang von seinem Gehirn zu dem des A genau denselben Weg zurücklegen und dieselben aufeinander folgenden Phasen durchlaufen, was wir folgendermaßen darstellen.

[…] unsere Figur gestattet, mit einem Blick die physikalischen Bestandteile (Schallwellen) von den physiologischen (Lautgebung und Gehörwahrnehmung) und psychischen (Wortbilder und Vorstellungen) zu unterscheiden. Es ist von entscheidender Wichtigkeit, hervorzuheben, dass das Wortbild nicht mit dem Laut selbst zusammenfällt, und dass es in dem gleichen Maß psychisch ist wie die ihm assoziierte Vorstellung. […]

Zwischen allen Individuen, die so durch die menschliche Rede verknüpft sind, bildet sich eine Art Durchschnitt aus: alle reproduzieren – allerdings nicht genau, aber annähernd – dieselben Zeichen, die an dieselben Vorstellungen geknüpft sind.

Was ist nun der Ursprung dieser sozialen Kristallisation? Welcher Teil des Kreislaufs hat hieran ursächlichen Anteil? Denn wahrscheinlich nehmen nicht alle gleichermaßen daran teil.

Der physische Teil kann von vornherein ausgeschieden werden. Wenn wir eine Sprache sprechen hören, die wir nicht verstehen, vernehmen wir zwar wohl die Laute, bleiben aber, eben weil wir sie nicht verstehen, außerhalb des sozialen Vorgangs.

Der psychische Teil ist ebenfalls nicht vollständig daran mitbeteiligt: die ausübende Seite bleibt außer Spiel, denn die Ausübung geschieht niemals durch die Masse; sie ist immer individuell und das Individuum beherrscht sie; wir werden sie das Sprechen (parole) nennen.

Vielmehr ist es das Wirken der rezipierenden und koordinierenden Fähigkeit, wodurch sich bei den sprechenden Personen Eindrücke bilden, die schließlich bei allen im Wesentlichen die gleichen sind. Wie hat man sich dieses soziale Ergebnis vorzustellen, um damit die Sprache als völlig losgelöst von allem Übrigen zu erfassen? Wenn wir die Summe der Wortbilder, die bei allen Individuen aufgespeichert sind, umspannen könnten, dann hätten wir das soziale Band vor uns, das die Sprache ausmacht. Es ist ein Schatz, den die Praxis des Sprechens in den Personen, die der gleichen Sprachgemeinschaft angehören, niedergelegt hat, ein grammatisches System, das virtuell in jedem Gehirn existiert, oder vielmehr in den Gehirnen einer Gesamtheit von Individuen; denn die Sprache ist in keinem derselben vollständig, vollkommen existiert sie nur in der Masse.

Indem man die Sprache vom Sprechen scheidet, scheidet man zugleich: 1. Das Soziale vom Individuellen; 2. Das Wesentliche vom Akzessorischen und mehr oder weniger Zufälligen.

Die Sprache ist nicht eine Funktion der sprechenden Person; sie ist das Produkt, welches das Individuum in passiver Weise einregistriert; sie setzt niemals vorherige Überlegung voraus und die Reflexion ist dabei

nur beteiligt, sofern sie die Einordnung und Zuordnung betätigt, von der […] die Rede sein wird.
Das Sprechen ist im Gegensatz dazu ein individueller Akt des Willens und der Intelligenz, bei welchem zu unterscheiden sind: 1. die Kombinationen, durch welche die sprechende Person den *code* der Sprache in der Absicht, ihr persönliches Denken auszudrücken, zur Anwendung bringt; 2. der psycho-physische Mechanismus, der ihr gestattet, diese Kombination zu äußern.
Es ist zu bemerken, dass wir hier Sachen, nicht Wörter definiert haben; die aufgestellten Unterscheidungen sind daher durch gewisse mehrdeutige Termini, die sich von einer Sprache zur andern nicht decken, nicht gefährdet. So bedeutet deutsch Sprache sowohl „langue" (Sprache) als „langage" (menschliche Rede); Rede entspricht einigermaßen dem „parole" (Sprechen), fügt dem aber noch den speziellen Sinn von „discours" hinzu. Lateinisch *sermo* bedeutet eher „langage" und „parole", während *lingua* die „Sprache" (langue) bezeichnet, usw. Kein Wort entspricht genau den oben aufgestellten Begriffen.

(1916)

1.1 Stellen Sie dar, weshalb sich der Sprecher im Gedicht von Rainer Maria Rilke „vor der Menschen Wort fürchtet". AfB I

1.2 Rainer Maria Rilke wird den Vertretern des Symbolismus zugerechnet. Stellen Sie dar, was man unter dieser Bezeichnung versteht, und erläutern Sie, inwieweit das Gedicht „Ich fürchte mich so vor der Menschen Wort" typisch für den Symbolismus ist. AfB II

Lösungen: LH S. 3

1.3 Benennen Sie stichwortartig, wie Ferdinand de Saussure Sprache („langue“) und Sprechen („parole“) genau bestimmt. AfB I

	Begriffsbestimmung
Sprache („langue“)	
Sprechen („parole“)	

1.4 Analysieren Sie die Sprachsymbolik des Gedichtes „Angststurm“ von August Stramm. Beurteilen Sie, inwieweit dieser Text sowohl sprachlich als auch inhaltlich typisch für den Expressionismus ist. AfB II

2.1 Ferdinand de Saussure formuliert im letzten Absatz Schwierigkeiten, denen sich Autoren von wissenschafts- bzw. fachsprachlichen Texten oft gegenübergestellt sehen und die gleichzeitig Kennzeichen dieser Sprachform sind. Benennen Sie diese Schwierigkeiten und das daraus resultierende Kennzeichen von wissenschafts- bzw. fachsprachlichen Texten. AfB I

2.2 Von Ferdinand de Saussure stammt die Definition der Sprache als einem System von Zeichen. Erläutern Sie, was man unter einem „Zeichen“ in der Sprachwissenschaft versteht. AfB II

2.3 Diskutieren Sie, ob die folgende Darstellung zugleich als einfaches Kommunikationsmodell bezeichnet werden könnte. Besprechen Sie diese Frage in Ihrer Klasse oder formulieren Sie eine Stellungnahme in Ihrem Hefter. AfB II

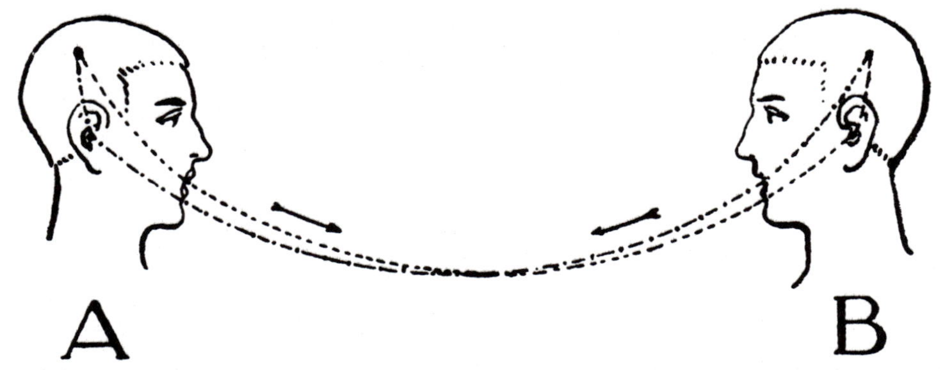

3.1 Sie haben in einem Referat über de Saussure die folgende Abbildung als Folie gewählt. Formulieren Sie aus, wie Sie diese Folie Ihren Mitschülern erklären könnten. Schreiben Sie, wenn nötig, in Ihren Hefter. AfB II

3.2 Beurteilen Sie die Wirkung von August Stramms Gedicht „Angststurm". Schreiben Sie in Ihren Hefter. AfB III

3.3 Erörterndes Erschließen eines literarischen Textes (Lyrik): Literarische Erörterung

1. Analysieren Sie das Gedicht „Ich fürchte mich so vor der Menschen Wort" von Rainer Maria Rilke.
2. Erörtern Sie die Frage, ob literarische Texte ein geeignetes und glaubhaftes Mittel darstellen, um einer Sprachskepis Ausdruck zu verleihen.
3. Begründen Sie, ob bzw. inwieweit Sie die „Furcht" des Autors teilen.

Lösungen: LH S. 4

V. Naturalismus

Arno Holz / Johannes Schlaf

Papa Hamlet

Der heruntergekommene und alkoholabhängige Schauspieler Niels Thienwiebel lebt mit seiner Frau Amalie und seinem kleinen Sohn Fortinbras (benannt nach einer Figur aus dem „Hamlet" von Shakespeare) in einer Dachstube eines Elendsviertels. Die Familie ist vollständig verarmt, eine Zwangsräumung steht bevor. Eines Abends kommt Thienwiebel wieder einmal betrunken nach Hause.

Er war jetzt zu ihr unter die Decke gekrochen, die Unterhosen hatte er anbehalten.

„Nicht mal genug Platz zum Schlafen hat man!"

Er reckte und dehnte sich.

„So'n Hundeleben! Nicht einmal schlafen kann man!" Er hatte sich auf die andre Seite gewälzt.

Die Decke von ihrer Schulter hatte er mit sich gedreht, sie lag jetzt fast bloß da ....

....

....

....

Das Nachtlämpchen auf dem Tisch hatte jetzt zu zittern aufgehört.

Die beschlagene, blaue Karaffe davor war von unzähligen Lichtpünktchen wie übersät. Eine Seite aus dem Buch hatte sich schräg gegen das Glas aufgeblättert. Mitten auf dem vergilbten Papier hob sich deutlich die fette Schrift ab: „Ein Sommernachtstraum". Hinten auf der Wand, übers Sofa weg, warf die kleine, glitzernde Fotografie ihren schwarzen, rechteckigen Schatten.

Der kleine Fortinbras röchelte, nebenan hatte es wieder zu schnarchen angefangen.

„So'n Leben! So'n Leben!"

Er hatte sich wieder zu ihr gedreht. Seine Stimmer klang jetzt weich, weinerlich.

„Du sagst ja gar nichts!"

Sie schluchzte nur wieder.

„Ach Gott, ja! So'n ... Ae!! ..."

Er hatte sich jetzt noch mehr auf die Kante zu gerückt.

„Is ja noch Platz da! Was drückste dich denn so an die Wand! Hast du ja gar nicht nötig!"

Sie schüttelte sich. Ein fader Schnapsgeruch hatte sich allmählich über das ganze Bett hin verbreitet.

„So ein Leben! Man hat's wirklich weit gebracht! ... Nu sich noch von so'ner alten Hexe rauschmeißen lassen! Reizend!! Na, was macht man nu? Liegt man morgen auf der Straße! ... Nu sag doch?"

Sie hatte sich fester gegen die Wand gedrückt. Ihr Schluchzen hatte aufgehört, sie drehte ihm den Rücken zu.

„Ich weiß ja! Du bist am Ende auch nicht schuld dran! Nu sag doch!"

Er war jetzt wieder auf sie zugerückt.

„Nu sag doch! ... Man kann doch nicht so – verhungern?!"

Er lag jetzt dicht hinter ihr.

„Ich kann ja auch nicht dafür! ... Ich bin ja gar nicht so! Is auch wahr! Man wird ganz zum Vieh bei solchem Leben! ... Du schläfst doch nicht schon?"

Sie hustete.

„Ach Gott, ja! Und nu bist du auch noch krank! Und das Kind! Dies viele Nähen ... Aber du schonst dich ja auch gar nicht ... ich sag's ja!"

[...]

Er hatte jetzt ebenfalls zu weinen angefangen.

„Ach Gott! Ach Gott!!"

Sein Gesicht lag jetzt mitten auf ihrer Brust. Sie zuckte!

„Ach Gott! Ach Gott!!"

Der dunkle Rand des Glases oben quer über der Decke hatte wieder unruhig zu zittern begonnen, die Schatten, die das Geschirr warf, schwankten, dazwischen glitzerten die Wasserstreifen ....

....

„Ach, nich doch, Niels! Nich doch! Das Kind – ist ja schon wieder auf! Das – Kind schreit ja! Das – Kind, Niels! ... Geh doch mal hin! Um Gottes willen!!"

Ihre Ellbogen hinten hatte sie jetzt fest in die Kissen gestemmt, ihre Nachtjacke vorn stand weit auf.

Durch das dumpfe Gegurgel drüben war es jetzt wie ein dünnes, heisres Gebell gebrochen. Aus den Lappen her wühlte es, der ganze Korb war in ein Knacken geraten.

„Sieh doch mal nach!"

„Natürlich! Das hat auch grade noch gefehlt! Wenn das Balg doch der Deuwel holte! ..."

Er war jetzt wieder in die Pantoffeln gefahren.

„Nicht mal die Nacht mehr hat man Ruhe! Nicht mal die Nacht mehr!!"

Das Geschirr auf dem Tisch hatte wiederzu klirren begonnen, die Schatten oben über die Wand hin schaukelten. –

„Na? Du!! Was gibt's denn nu schon wieder? Na? … Wo ist er denn? … Ae, Schweinerei!“

Er hatte den Lutschpfropfen gefunden und wischte ihn sich nun an den Unterhosen ab.

„So'ne Kälte! Na? Wird's bald? Na? Nimm's doch, Kamel! Nimm's doch! Na?!“

Der kleine Fortinbras jappte!

Sein Köpfchen hatte sich ihm hinten ins Genick gekrampft, er bohrte es jetzt verzweifelt nach allen Seiten.

„Na? Willst du nu, oder nich?! – – Bestie!!“

„Aber – Niels! Um Gottes willen! Er hat ja wieder den – Anfall!“

„Ach was! Anfall! – – Da! Friss!“

„Herrgott, Niels …“

„Friss!!!“

„Niels!“

„Na? Bist du – nu still? Na? – Bist du – nu still? Na?! Na?!“

„Ach Gott! Ach Gott, Niels, was, was – machst du denn bloß?! Er, er – schreit ja gar nicht mehr! Er … Niels!!“

Sie war unwillkürlich zurückgeprallt. Seine ganze Gestalt war vornüber geduckt, seine knackenden Finger hatten sich krumm in den Korbrand gekrallt. Er stierte sie an, sein Gesicht war aschfahl.

„Die …L–ampe! Die …L–ampe! Die …L–ampe!“

„Niels!!!“

Sie war rücklings vor ihm gegen die Wand getaumelt.

„Still! Still! K–lopft da nicht wer?“

Ihre beiden Hände hinten hatten sich platt über die Tapete gespreizt, ihre Knie schlotterten.

„K–lopft da nicht wer?“

Er hatte sich jetzt noch tiefer geduckt. Sein Schatten über ihm pendelte, seine Augen sahen jetzt plötzlich weiß aus.

Eine Diele knackte, das Öl knisterte, draußen auf die Dachrinne tropfte das Tauwetter.

Tipp ……………………………………………
………………Tipp ……………………………
…….Tipp ………………………………………
…………………………………Tipp ……………
………………………………………………………

Acht Tage später balancierte der kleine, bucklige Bäckerjunge Tille Topperholt seinen Semmelkopf pfeifend durch das dunkle, dicht verschneite Severingäschen nach dem Hafen runter. Die Witterung hatte wieder umgeschlagen, seine kleine Stupsnase sah zum Erbarmen blau aus.

„Heil dir, Svea! Mutter für uns alle!“

Es hatte gerade fünf geschlagen. Vor dem neuen, großen Schnapsladen an der Ecke der Petrikirche stolperte er. Jesus! Seine Semmeln waren ihm in den Rinnstein geflogen, er war mitten in den Schnee geschlagen. Aber er nahm sich nicht einmal die Zeit, sie wieder aufzulesen. Er kam erst wieder zur Besinnung, als er sich bereits drüben am Jakobiplatz mit beiden Händen an die große, dicht beeiste Glocke gehängt hatte, die denn auch sofort oben die ganze Polizeiwache alarmierte. Jesus! Jesus!!

Als der dicke Sieversen dann endlich angestapft kam, konstatierte er, dass der Mann erforen war. „Erfroren durch Suff!“ Seinen zerbeulten Zylinder hatte ihm der kleine, buckelige Tille vorhin gerade gegen die Laterne gequetscht. Aus seinen zerlumpten, apfelgrünen Frackschößen sah noch die Flasche.

Wohlan, eine pathetische Rede!

Es war der große Thienwiebel.

Und seine Seele? Seine Seele, die ein unsterblich Ding war?

Lirum, Larum! Das Leben ist brutal, Amalie! Verlass dich drauf! Aber – es war ja alles egal! So oder so!

(1889)

Walter Benjamin

Kunst zu erzählen

Jeder Morgen unterrichtet uns über die Neuigkeiten des Erdkreises. Und doch sind wir an merkwürdigen Geschichten arm. Woher kommt das? Das kommt, weil keine Begebenheit uns mehr erreicht, die nicht schon mit Erklärungen durchsetzt ist. Mit anderen Worten: beinah nichts mehr, was geschieht, kommt der Erzählung, beinah alles der Information zugute. Es ist nämlich schon die halbe Kunst des Erzählens, eine Geschichte, indem man sie weitergibt, von Erklärungen freizuhalten. Darin waren die Alten Meister; Herodot an der Spitze. Im vierzehnten Kapitel des dritten Buches seiner „Geschichten“ findet sich die Erzählung von Psammenit.

Als der Ägypterkönig Psammenit von dem Perserkönig Kambyses geschlagen und gefangen genommen worden war, sah Kambyses es darauf ab, den Gefangenen zu demütigen. Er gab Befehl, Psammenit an der Straße aufzustellen, durch die sich der persische Triumphzug bewegen sollte. Und weiter richtete er es so ein, daß der Gefangene seine Tochter als Dienstmagd, die mit dem Krug zum Brunnen ging, vorbeikommen sah. Wie alle Ägypter über dieses Schauspiel klagten und jammerten, stand Psammenit allein wortlos und unbeweglich, die Augen auf den Boden geheftet; und als er bald darauf seinen Sohn sah, der zur Hinrichtung im Zuge mitgeführt wurde, blieb er ebenfalls unbewegt. Als er danach aber einen von seinen Dienern, einen alten verarmten Mann, in den Reihen der Gefangenen erkannte, da schlug er mit den Fäusten an seinen Kopf und gab alle Zeichen der tiefsten Trauer. – Aus dieser Geschichte ist zu ersehen, wie es mit der wahren Erzählung bestellt ist. Die Information hat ihren Lohn mit dem Augenblick dahin, in dem sie neu war. Sie lebt nur in diesem Augenblick. Sie muß sich gänzlich an ihn ausliefern und ohne Zeit zu verlieren sich ihm erklären. Anders die Erzählung: sie verausgabt sich nicht. Sie bewahrt ihre Kraft versammelt im Innern und ist nach langer Zeit der Entfaltung fähig. So ist Montaigne auf die vom Ägypterkönig zurückgekommen und hat sich gefragt: Warum klagt er erst beim Anblick des Dieners und nicht vorher? Montaigne antwortet darauf: „Da er von Trauer schon übervoll war, brauchte es nur den kleinsten Zuwachs, und sie brach ihre Dämme nieder." So kann man die Geschichte verstehen. Sie hat aber auch für andere Erklärungen Raum. Jeder kann mit ihnen Bekanntschaft machen, der die Frage Montaignes einmal im Kreis seiner Freunde aufwarf. Einer der meinigen sagte zum Beispiel: „Den König rührt nicht das Schicksal des Königlichen: denn das ist sein eigenes." Oder ein anderer: „Uns rührt auf der Bühne vieles, was uns im Leben nicht rührt; dieser Diener ist nur ein Schauspieler für den König." Oder ein dritter: „Großer Schmerz staut sich und kommt erst mit der Entspannung zum Durchbruch. Der Anblick dieses Dieners war die Entspannung." – „Wenn diese Geschichte sich heute ereignet hätte", meinte ein vierter, „dann stünde in allen Blättern, Psammenit habe seinen Diener lieber als seine Kinder." Sicher ist, daß jeder Reporter sie im Handumdrehen erklären würde. Herodot erklärt sie mit keinem Wort. Sein Bericht ist der trockenste. Darum ist diese Geschichte aus dem alten Ägypten nach Jahrtausenden noch imstande, Staunen und Nachdenken zu erregen. Sie ähnelt den Samenkörnern, die Jahrtausende lang luftdicht verschlossen in Kammern der Pyramiden gelegen und ihre Keimkraft bis auf den heutigen Tag bewahrt haben.

(1977)

Auf Wunsch des Autors wurde dieser Text nicht rechtschreibreformiert abgedruckt.

1.1 Benennen Sie das zentrale Thema des Auszugs aus „Papa Hamlet" und stellen Sie dar, inwieweit dieses Thema typisch für den Naturalismus ist. Nennen Sie in diesem Zusammenhang ein weiteres Werk der naturalistischen Literatur mit derselben bzw. einer vergleichbaren Thematik. AfB I

1.2 Kreuzen Sie an, welche Merkmale der sogenannte „Sekundenstil", in dem auch die Erzählung „Papa Hamlet" geschrieben ist, aufweist. AfB I

	Merkmale des Sekundenstils	ja	nein
A	Verzicht auf genaue Beschreibungen	☐	☐
B	viele Dialoge bzw. Reden	☐	☐
C	möglichst genaue Übertragung der gesprochenen Sprache in die geschriebene	☐	☐
D	auktoriale Erzählfigur	☐	☐
E	weitgehende Deckung von erzählter Zeit und Erzählzeit	☐	☐
F	Kenntlichmachung von Geräuschen, Pausen oder Interjektionen	☐	☐

Lösungen: LH S. 5

1.3 Arno Holz hat die Formel „Kunst = Natur – x" geprägt. Erläutern Sie, was damit zum Ausdruck gebracht werden soll. AfB II

1.4 Beurteilen Sie den Auszug aus „Papa Hamlet" unter den von Walter Benjamin genannten Kennzeichen einer guten Erzählung. AfB III

2.1 Weisen Sie aus der Figurenrede in „Papa Hamlet" folgende sprachlichen Formen bzw. Mittel nach:
- Umgangssprache
- gesprochene Sprache
- Soziolekt

Tragen Sie die Textbeispiele in die Tabelle ein und benennen Sie die charakteristischen Merkmale dieser Sprachformen. AfB I

Umgangssprache	
gesprochene Sprache	
Soziolekt	

2.2 Ein wichtiges Kennzeichen naturalistischer Literatur ist die Verwendung von dialektalen Wortformen. Erläutern Sie, was ein „Dialekt" ist und auf welchen Sprachebenen sich Abweichungen von der Standardsprache ergeben können. Nennen Sie jeweils Beispiele. Schreiben Sie in Ihren Hefter oder diskutieren Sie diese Frage in Ihrer Klasse. AfB II

Lösungen: LH S. 5

3.1 Ersetzen Sie die unterstrichenen Textteile der linken Spalte durch die Ausdrücke in der rechten Spalte (bzw. formen Sie diese entsprechend der Anweisungen um), so dass ein bedeutungsgleicher Text entsteht. AfB I

Aus dieser Geschichte ist zu ersehen, wie es mit der wahren Erzählung bestellt ist.	*Charakter*
Die Information hat ihren Lohn mit dem Augenblick dahin, in dem sie neu war. Sie lebt nur in diesem	*wertlos*
Augenblick. Sie muß sich gänzlich an ihn ausliefern und ohne Zeit zu verlieren sich ihm erklären.	[als Relativsatz zu *Augenblick*]
Anders die Erzählung: sie verausgabt sich nicht. Sie	[Beginnen mit *Die Erzählung …*]
bewahrt ihre Kraft versammelt im Innern und ist nach	*ruhen*
langer Zeit der Entfaltung fähig. So ist Montaigne auf die vom Ägypterkönig zurückgekommen und hat sich	*entfalten*
gefragt: Warum klagt er erst beim Anblick des Dieners und nicht vorher? Montaigne antwortet darauf: „…“ So kann man die Geschichte verstehen. Sie hat aber auch für	*sehen*
andere Erklärungen Raum.	*deuten*
Jeder kann mit ihnen Bekanntschaft machen, der die Frage Montaignes einmal im Kreis seiner Freunde aufwarf.	*Wer*

Beispiel:

Aus dieser Geschichte ist zu ersehen, was den Charakter einer wahren Erzählung ausmacht/kennzeichnet.

3.2 Untersuchendes Erschließen eines pragmatischen Textes (Sachtext): Textanalyse

1. Analysieren Sie den Text „Kunst zu erzählen" von Walter Benjamin und stellen Sie dar, was nach Benjamin eine gute Erzählung ausmacht und welche Anforderungen sie an ihre Rezipienten stellt.
2. Welche Absicht(en) verfolgt Benjamin mit seinem Text? Beurteilen Sie die Wirksamkeit seines Textes auf heutige Leser; beziehen Sie dabei Ihre eigenen Leseerfahrungen mit ein.

Lösungen: LH S. 5

VI. Bürgerlicher Realismus

Theodor Fontane

Effi Briest

Die 17-jährige Effi soll den über 20 Jahre älteren Baron Geert von Innstetten heiraten. Durch die anstehende Heirat ergibt sich ein Umzug (nach Kessin) und damit die Frage nach der Ausstattung der künftigen Wohnung. In dem folgenden Auszug aus dem 4. Kapitel des Romans wird Effie von ihrer Mutter nach ihren Wünschen gefragt:

„Nichts, Mama."

„Wirklich nichts?"

„Nein, wirklich nichts; ganz im Ernste ... Wenn es aber doch am Ende was sein sollte ..."

„Nun ..."

„... So müsst es ein japanischer Bettschirm sein, schwarz und goldene Vögel darauf, alle mit einem langen Kranichschnabel ... Und dann vielleicht auch noch eine Ampel für unser Schlafzimmer, mit rotem Schein." Frau von Briest schwieg.

„Nun siehst du, Mama, du schweigst und siehst aus, als ob ich etwas Unpassendes gesagt hätte."

„Nein, Effi, nichts Unpassendes. Und vor deiner Mutter nun schon gewiss nicht. Denn ich kenne dich ja. Du bist eine fantastische kleine Person, malst dir mit Vorliebe Zukunftsbilder aus, und je farbenreicher sie sind, desto schöner und begehrlicher erscheinen sie dir: Ich sah das so recht, als wir die Reisesachen kauften. Und nun denkst du dir's ganz wundervoll, einen Bettschirm mit allerhand fabelhaftem Getier zu haben, alles im Halblicht einer roten Ampel. Es kommt dir vor wie ein Märchen und du möchtest eine Prinzessin sein."

Effi nahm die Hand der Mama und küsste sie. „Ja, Mama, so bin ich."

„Ja, so bist du. Ich weiß es wohl. Aber meine liebe Effi, wir müssen vorsichtig im Leben sein, und zumal wir Frauen. Und wenn du nun nach Kessin kommst, einem kleinen Ort, wo nachts kaum eine Laterne brennt, so lacht man über dergleichen. Und wenn man bloß lachte. Die, die dir ungewogen sind, und solche gibt es immer, sprechen von schlechter Erziehung, und manche sagen wohl noch Schlimmeres."

„Also nichts Japanisches und auch keine Ampel. Aber ich bekenne dir, ich hatte es mir so schön und poetisch gedacht, alles in einem roten Schimmer zu sehen."

Frau von Briest war bewegt. Sie stand auf und küsste Effi. „Du bist ein Kind. Schön und poetisch. Das sind so Vorstellungen. Die Wirklichkeit ist anders, und oft ist es gut, dass es statt Licht und Schimmer ein Dunkel gibt."

Effi schien antworten zu wollen, aber in diesem Augenblicke kam Wilke und brachte Briefe. Der eine war aus Kessin von Innstetten. „Ach, von Geert", sagte Effi, und während sie den Brief beiseite steckte, fuhr sie in ruhigem Tone fort [...]

Effi beginnt nun wieder, sich ihr Leben in Kessin auszumalen und Pläne zu schmieden, bis sie von ihrer Mutter an den Brief erinnert wird:

„Richtig. Den hätt ich fast vergessen." Und sie öffnete den Brief und überflog ihn. „Nun, Effi, kein Wort? Du strahlst nicht und lachst nicht einmal. Und er schreibt doch immer so heiter und unterhaltlich und gar nicht väterlich weise."

„Das würd' ich mir auch verbitten. Er hat sein Alter und ich habe meine Jugend. Und ich würde ihm mit den Fingern drohen und ihm sagen: >Geert, überlege, was besser ist.<"

„Und dann würde er dir antworten: >Was du hast, Effi, das ist das Bessere.< Denn er ist nicht nur ein Mann der feinsten Formen, er ist auch gerecht und verständig und weiß recht gut, was Jugend bedeutet. Er sagt sich das immer und stimmt sich auf das Jugendliche hin, und wenn er in der Ehe so bleibt, so werdet ihr eine Musterehe führen."

„Ja, das glaube ich auch, Mama. Aber kannst du dir vorstellen, und ich schäme mich fast, es zu sagen, ich bin nicht so sehr für das, was man eine Musterehe nennt."

„Das sieht dir ähnlich. Und nun sage mir, wofür bist du denn eigentlich?"

„Ich bin ... nun, ich bin für gleich und gleich und natürlich auch für Zärtlichkeit und Liebe. Und wenn es Zärtlichkeit und Liebe nicht sein können, weil Liebe, wie Papa sagt, doch nur ein Papperlapapp ist (was ich aber nicht glaube), nun, dann bin ich für Reichtum und ein vornehmes Leben, ein *ganz* vornehmes, wo Prinz Friedrich Karl zur Jagd kommt, auf Elchwild oder Auerhahn, oder wo der alte Kaiser vorfährt, und für jede Dame, auch für die jungen, ein gnädiges Wort hat. Und wenn wir dann in Berlin sind, dann bin ich für Hofball und Galaoper, immer dicht neben der großen Mittelloge."

„Sagst du das so bloß aus Übermut und Laune?"

„Nein, Mama, das ist mein völliger Ernst. Liebe kommt zuerst, aber gleich hinterher kommt Glanz und Ehre, und dann kommt Zerstreuung –, ja, Zerstreuung, immer etwas Neues, immer was, dass ich lachen oder weinen muss. Was ich nicht aushalten kann, ist Langeweile."

„Wie bist du da nur mit uns fertig geworden?"

„Ach, Mama, wie du nur so was sagen kannst. Freilich, wenn im Winter die liebe Verwandtschaft vorgefahren kommt und sechs Stunden bleibt oder wohl auch noch länger, und Tante Gundel und Tante Olga mich mustern und mich naseweis finden – und Tante Gundel hat es mir auch mal gesagt –, ja, da macht sich's mitunter nicht sehr hübsch, das muss ich zugeben. Aber sonst bin ich hier immer glücklich gewesen, so glücklich ..."

Und während sie das sagte, warf sie sich heftig weinend vor der Mama auf die Knie und küsste ihre beiden Hände.

(1894/95)

Edda Ziegler

Wilhelminische Gesellschaft

In Fontanes literarischen Heldinnen begegnen uns die Frauen und Frauenbilder seiner Zeit und die seiner eigenen Biografie, in unterschiedlichen Typen, wechselnden Schattierungen und Facetten und doch allesamt charakteristisch für die Gesellschaft der Gründerzeit und des Wilhelminismus. [...]

Ein Blick auf die historische Realität des Wilhelminischen Preußen, dem diese Frauenfiguren meist entstammen und das auch den Erfahrungshintergrund ihres Schöpfers prägt, zeigt, wie solche weibliche Lebenswelt beschaffen war.

Bevorzugter sozialer Schauplatz der Romane ist die Aristokratie, deren Vormachtsstellung in Ministerialbürokratie, Diplomatie und Heeresführung – ungeachtet realer wirtschaftlicher Ohnmacht – ungebrochen ist. Das Junkertum, der Grund besitzende Adel, bildet nach wie vor einen exklusiven feudalen Berufsstand mit weit reichendem Einfluss auf Politik und Gesellschaft. Der Offiziersadel – um 1870 sind 90% aller Kavallerieoffiziere und 80% aller Generäle adliger Abstammung – gewinnt gegen Jahrhundertende immer mehr an Bedeutung, nicht nur als Berufs-, sondern vor allem als Gesellschaftsstand. Militärdienst rangiert in Preußen höher als Schulbildung.

Mit diesem Wertsystem der adligen Führungsschicht identifiziert sich auch die Bourgeoisie mehr und mehr. Das industrielle Besitzbürgertum arrangiert sich wirtschaftlich mit den Junkern; durch Heirat steigt man in ihre Schicht auf und übernimmt mit den aristrokratischen Normen, Denk- und Verhaltensweisen auch die ausgeprägte Indifferenz gegenüber Bildung und Kultur. Der Bildungsbürger gilt dieser Zeit der Parvenüs als Relikt der Vergangenheit. Erhalten hat sich nur der äußere Schein; ein ehrfürchtig-gläubiges Verhältnis zu Titeln und Orden. Repräsentation, das Bedürfnis nach Selbstdarstellung vor allem im Materiellen, prägt diese durch und durch patriarchalische Gesellschaft. Wichtigstes und ranghöchstes Objekt dieser Repräsentation sind die Frauen.

Das Dasein der bürgerlichen Frau – und dies gilt ähnlich auch für die adlige – legitimiert sich allein aus dem Status als Ehefrau und Mutter; Ehe und Familie sind die einzig sozial anerkannten weiblichen Lebensziele. Dafür werden de facto auch demütigende, ja unerträgliche innerfamiliäre Verhältnisse in Kauf genommen, die oft zu schweren psychosomatischen Erkrankungen der Frauen führen. Hinter der ideologischen Aufwertung des Status der verheirateten Frau verbirgt sich ein sehr realer Grund. Bei einem Frauenüberschuss von ca. 2 1/4 Millionen gegen Jahrhundertende ist die Ehe vornehmlich eine Versorgungsinstitution, zumal weibliche Berufstätigkeit noch immer gesellschaftlich verachtet wird. Der weibliche Wirkungskreis ist ganz aufs Private beschränkt; er dient ausschließlich der Regeneration des Mannes, der Fortpflanzung und der Aufzucht der Kinder. Frauen werden bewusst naiv, ahnungslos gegenüber den Realitäten des Lebens, wie Politik, Arbeits- und Sozialverhältnissen, aber auch Sexualität, gehalten.

Der begehrte Typ der Kinderfrau, wie er in Effi Briest Gestalt geworden ist, entspricht diesem Frauenbild.

(1974)

Szenenfoto aus dem Film „Effi Briest“ (BRD 1971, Regie: Rainer Werner Fassbinder), Szene mit Wolfgang Schenk und Hanna Schygulla (als Effi)

1.1 Fontane gilt als der wichtigste Romanschriftsteller aus der Zeit des Bürgerlichen Realismus. Kreuzen Sie an, welche Werke von ihm stammen. AfB I

„Agnes Bernauer“	☐	„Frau Jenny Treibel“	☐	„Maria Magdalena“	☐
„Der Stechlin“	☐	„Der grüne Heinrich“	☐	„Das Gemeindekind“	☐
„Irrungen Wirrungen“	☐	„Immensee“	☐	„Mathilde Möhring“	☐

1.2 Beschreiben Sie stichwortartig das Szenenfoto (Bildinhalt, Perspektive, Einstellung) und erläutern Sie die Funktion der gewählten Einstellung. AfB I

1.3 Begründen Sie, ob es sich bei dem Mann auf dem Szenenfoto um von Innstetten handelt? AfB II

Lösungen: LH S. 6

Lösungshinweise (LH) Kompetenztest Deutsch 2

Zugang zur Oberstufe

978-3-12-350457-0

I. Literatur der Gegenwart

1.1 Mit seinem Text will der Autor darauf aufmerksam machen, welche große Rolle die Warenwelt im Leben bzw. dem Bewusstsein vieler Menschen spielt.

1.2 Beide Autoren arbeiten mit den satirischen Mitteln der Verdichtung und erreichen damit eine Übertreibung der Darstellung (z.B. indem sie viele und zum Teil lächerlich klingende Produktbezeichnungen auf engem Raume anführen).

1.3 In der „neuen Subjektivität" wird die Frage behandelt, ob und wie man in unserer Gesellschaft, in der der Einzelne zunehmend unter dem Aspekt seines Gebrauchswerts betrachtet wird, noch als selbstbestimmtes Individuum leben kann. Dies ist auch das Thema der Satire „Ikea", die eben diese Selbstbestimmung dem *Ikea-Menschen* [Z. 61] abspricht und ihn dadurch entpersonalisiert.

1.4 Unter „postmoderner Literatur" versteht man die Literatur, welche die Moderne, wie sie durch die Epoche der Aufklärung geprägt und in der Folgezeit fortgesetzt wurde, überwindet. Postmoderne Literatur zeichnet sich unter anderem aus durch: Mehrfachcodierung, Intertextualität, ironisches Spiel mit der Tradition (Figuren, Stoff, Motive) und die Überwindung traditioneller Erzählformen und -inhalte. Bekannte Werke der postmodernen Literatur sind etwa Ecos „Der Name der Rose", Süskinds „Das Parfum" oder Ransmayrs „Die letzte Welt".

2.1 Die Bezeichnungen sind zwar weitgehend inhaltsleer (d.h. ohne Bedeutung), vermitteln aber gleichwohl gute Produkteigenschaften (durch Anlehnung an bestehende Wörter, z.B. *OPTILON* [Z. 68] zu „optimal") und eine technische Kompetenz (z.B. durch pseudotechnische Ausdrücke wie *AUTOMAGIC* [Z. 71] und den scheinbar differenzierenden Attributen *NINO-IRIX-* [Z. 71]). Durch die Vermengung von Wörtern bzw. Wortbildungselementen aus verschiedenen Sprachen (z.B. *IRISETTE* [Z. 67] zum Französischen, *LAVAFIX* [Z. 70] zum Lateinischen oder *NO IRON FINISH* [Z. 70 f.] zum Englischen) erlangen die Bezeichnungen internationale Bedeutung.

2.2 Neben den worthülsenartigen Produktbezeichnungen (→ Lösung 2.1) kritisiert Enzensberger indirekt auch einen fahrlässigen bzw. gedankenlosen Umgang mit Sprache (*„persönliche Grüße"* [Z. 48 f.] vs. *Großrechenanlage* [Z. 52]; *„durch dankbare Tragfähigkeit erfreuen"* [Z. 55 f.], *„verdient das Prädikat >Wertvoll< mit Recht"* [Z. 59 f.] u.a.).

3.1 **1.** Das Leben von Frau und Herrn Kreil ist von kleinbürgerlicher Normalität, d.h. von bescheidenem Wohlstand (hübsche Einrichtung, Essengehen bei Ikea) und einem klassischen Geschlechterrollenverständis (Herr Kreil montiert die Möbel, *bugsiert* [Z. 55] seine Frau ins Schlafzimmer) geprägt (→Lösung 1.1 und 1.3).
2. Inhaltlich sind Sie hier kaum gebunden. Wichtig ist, dass zum Ausdruck kommt, dass Frau und Herr Kreil jeweils typisch weiblichen bzw. männlichen Aufgaben nachgehen.
3. Ihr Text sollte aus einfachen, überwiegend parataktischen Sätzen (aneinander gereihten Hauptsätzen) bestehen. Produktnamen sollten sich wiederholen bzw. wieder aufgegriffen werden; die Produktnamen selbst können der Fantasie entspringen (und auch lächerlich wirken, vgl. z.B. *Gardinen Gullagulla und Hillekille* [Z. 43 f.]).

3.2 **1.** Enzensberger stellt den Katalog als wichtiges Zeitdokument für Politiker und Wissenschaftler dar, aus dem Sie sichere Erkenntnisse über die Gesellschaft von 1960 gewinnen könnten, in der Hauptsache die, dass *das deutsche Proletariat und das deutsche Kleinbürgertum* in einem Bewusstseinszustand lebten, welcher *der Idiotie näher ist denn je zuvor* [Z. 95–98 f.].
2. Enzensberger setzt dem möglichen Vorwurf des Snobismus die rhetorische Frage entgegen, ob die Beschreibung dieses Bewusstseinszustandes (→ 3.2.1) wirklich Snobismus sei, und wirft denjenigen Menschen, die sich dafür nicht interessieren, zunächst Zynismus vor und stellt dann fest, dass *die Verblödung einer Mehrheit* [Z. 107 f.] der Politik und Wirtschaft nutze.
3. Hier kommt es darauf an, dass Sie Ihre Ansicht deutlich herausstellen und durch Argumente und/oder Beispiele stützen (unter Berücksichtigung der Gegenposition). Beachtet haben sollten Sie, dass die Erörterungsfrage nicht nur auf den Bewusstseinszustand der heutigen Menschen, sondern auch auf Enzensberger Rechtfertigung gegen den Vorwurf des Snobismus zielt. Ihre Erörterung sollte in Einleitung, Hauptteil und Schluss gegliedert sein.

II. Literatur nach 1945

1.1 **A** Erzählform (Ich-Erzähler)
B Erzählform (Er-Erzähler)
C Ebene des Erzählvorgangs
D erzähltes Geschehen

1.2 **A** eher mitfühlende Haltung (*zaghaft wie ein Kind* [Z. 1]), allerdings mit ironischer Distanz (*Weihnachtsmann* [Z. 2] vs. *Endsieg* [Z. 4])
B distanziert-zynische Haltung: Matzerath hat Angst, ihm steht der Sinn nicht nach *Abwechslung* [Z. 80 f.], welche hier zum einen zynisch-sarkastisch für den Wechsel der Vergewaltiger von Witwe Greff steht, und zum anderen „wechselt" seine Position bzw. Lage nicht

1.3 Die Gruppe 47 entstand aus einem Kreis junger deutscher Autoren, die sich auf Einladung von Hans Werner Richter erstmals im September 1947 traf, um über selbst verfasste Literatur zu diskutieren. Neben der Bemühung um ein realistisches, unbeschönigendes Erzählen in der Zeit nach dem Krieg, geht es der Gruppe auch um ein angemessenes Konzept für einen Neubeginn der deutschen Literatur nach 1945.

1.4 Stark antwortet zunächst immer nur kurz angebunden und sehr präzise auf die Fragen, d.h. er gibt von sich aus keine Informationen preis, was zu wiederholtem Nachfragen seitens des Anklägers bzw. des Richters führt. Allerdings bringt er dort, wo es möglich ist, Rechtfertigungen vor (z.B. *gefährdeten diese Gefangenen die Sicherheit des Lagers* [Z. 88 f.], vor allem aber den Verweis auf *Befehle* [Z. 62, 77, 103]). Weiterhin verwendet er modifizierende Ausdrücke (z.B. *Damals bestand eben die Sippenhaftung* [Z. 57 f.], *Ich hatte sie lediglich abzuführen* [Z. 75]) und verwendet einen Behördenstil, der nicht durch die Wortwahl (z.B. *Auftragsmäßiges* [Z. 74]), sondern auch durch nominale Ausdrücke (z.B. *hatten laut Befehl jeden Anspruch auf ehrenhafte Behandlung verloren* [Z. 62 ff.]) deutlich wird. Dies unterstreicht seine persönliche Distanz und Emotionslosigkeit zu den Ereignissen und den damit verbundenen Rechtfertigungsversuch über die Befehlsproblematik.

1.5 Wichtige Bereiche sind: Jagd bzw. das Animalische (*gottelbock, brüllzten, knie-ender, männchenmeere, würmelte, bluten, balzerig, hirschelte*), das Sexuelle (*frauen, weibern, hoffensdick, balzerig, hirschelte, pfingstig*) sowie das Religöse (*pfingstig, heil*).

1.6 Die drei Texte entsprechen unterschiedlichen Genres und berichten über das Grauen des Dritten Reiches sowohl zeitlich aus verschiedenen Perspektiven als auch räumlich aus unterschiedlichen Blickwinkeln bzw. Handlungsperspektiven. Jandl kritisiert die Begeisterung vieler Österreicher für Hitler bei der Verkündung des Anschlusses an das „Dritte Reich" 1938 auf dem Wiener Heldenplatz – er spiegelt im Gedicht die kollektive Euphorie wieder. Grass zeigt zynisch auf, wie die Folgen dieser Begeisterung für den Einzelnen ausgesehen haben könnten. Und Weiss dokumentiert aus dem Gedächtnisprotokoll Szenen der Frankfurter Prozesse – er stellt Opfer und Täter in einem Gerichtsprozess gegenüber.

2.1 **1** Indikativ Präteritum Aktiv: beschreibt ein Geschehen in der Vergangenheit
2 Indikativ Präsens Aktiv: stellt einen Bezug zur Erzählgegenwart zum Zeitpunkt des Erzählens her, der aber ebenfalls in der Vergangenheit liegt
3 Konjunktiv II (von der Indikativform im Plusquamperfekt): Irrealis, d. h. tatsächlich nahm das Geschehen einen anderen Lauf

2.2 Das eigentliche Denotat des Begriffs „Bonbon" ist eine hauptsächlich aus Zucker bestehende Süßigkeit zum Lutschen und konnotiert Begriffe wie [süß], [bunt/farbig], [Belohnung]. Im Text (bzw. Zeitkontext) wird es als scherzhafte Bezeichnung für das Parteiabzeichen der NSDAP verwendet, das wie ein Bonbon ein „buntes rundes Ding" ist, also vergleichbare äußere Eigenschaften wie das tatsächliche Denotat dieses Begriffs besitzt. Im Textzusammenhang wirkt dieser Wortgebrauch deshalb makaber, weil für Matzerath die konnotierten Begriffe gerade nicht zutreffen: Zwar nimmt er es in den Mund (wenn auch nicht zum Lutschen), doch ist es durch die Nadel spitz und verwundet. Das Verschlucken dieses speziellen „Bonbons" ist für ihn ein auch keine Belohnung, sondern im Gegenteil eine verhängnisvolle Handlung.

2.3 Weiss verzichtet auf die Verwendung von Satzzeichen, unterteilt aber die Äußerungen in Sinneinheiten, wobei die Zeilensprünge auch als Pausenmarkierungen gedeutet werden können. Dadurch wird zum einen der sachlich-dokumentarische Charakter des Stücks unterstrichen (insbesondere Satzschlusszeichen haben wertenden Charakter, indem sie eine bestimmte Satzmelodie nahe legen), zum anderen wird dadurch der Text verfremdet, von der normalen Sprache abgegrenzt, womit auf die Unspielbarkeit hingewiesen wird. Aus demselben Grund macht der Autor keine Angaben zum Verhalten der Figuren und verzichtet ganz auf Regieanweisungen.

2.4 **A** Wortvermischung (aus „Glanz" und „ganz")
B Alliteration (zugleich eine Figura etymologica, d. h. zwei Wörtern mit demselben Stamm werden miteinander verbunden)
C zum einen lautmalerisch für eine abgehackte Sprechweise, zum anderen Hervorhebung durch Großschreibung (es ergibt sich „SA")
D Alliteration (st-st; mm-mm), Konstantenhäufung und dadurch auch lautmalerisch
E adjektivische Ableitung auf -ig zu „Pfingsten"

3.1 Hier kommt es vor allem auf Ihre Begründung an, wobei Sie die Gegenposition berücksichtigen sollten. Oskar trifft insofern eine Mitschuld, als er von den Russen unbehelligt bleibt und er das „Bonbon" seinem Vater aus einem nichtigen Grund (er will eine Laus fangen) hinhält. Gleichzeitig weiß Oskar um die Bedeutung des Abzeichens und die damit verbundene Gefahr. So erkennt er im Bezug auf Kurtchen: *... aber ich gab meinem Sohn nicht das Parteiabzeichen, wollte ihn nicht gefährden ...* [Z. 23 ff.]. Auch hat der Vater in der konkreten Situation kaum eine andere Möglichkeit, als das „Bonbon" zu nehmen und verschwinden zu lassen. Insofern ist die Einschätzung: *Man kann aber auch sagen: Matzerath hätte nicht zuzugreifen brauchen.* [103 f.] hanebüchen. Andererseits ist es das Abzeichen seines Vaters, der sich schon viel früher über die Folgen seiner offen zur Schau gestellten Mitgliedschaft hätte Gedanken machen können und durch das Abzeichen letztlich die ganze Familie in Gefahr bringt. Natürlich sollte Ihre Meinung in dieser Frage klar erkennbar sein.

3.2 Hier können verschiedene Recherchewege sinnvoll sein (z. B. Expertenbefragung). Das wesentliche Ergebnis mit Blick auf das Oratorium von Weiss ist: Rechtswidrige Befehle (im Sinne sowohl des Strafgesetzbuches als auch des Völker- und Menschenrechts) dürfen vom Befehlsempfänger nicht ausgeführt werden.

3.3 Hier ist Ihre Kreativität und Sprachgefühl gefragt (→ Lösung 2.4). Beachten Sie, dass Jandl syntaktisch korrekte Sätze bildet und seine Wörter richtig konjugiert bzw. dekliniert sind.

3.4 **1.** Der Auszug ist gekennzeichnet durch die Wechsel der erzählerischen Mittel: Erzählform, -haltung und -perspektive sowie Tempuswechsel; dieser Wechsel vollzieht sich teilweise innerhalb eines Satzes (→ Lösungen 1.1, 1.2).
2. Insbesondere durch die oft gleichgültige, ironisch-verletzende bis zynische Erzählhaltung wird eine Distanz zu den Figuren und den Geschehnissen erzeugt, wodurch die dargestellte Wirklichkeit an Objektivität gewinnt (→ Lösung 1.2).
3. Die von Grass eingesetzte Erzählstrategie ist typisch für den „modernen Roman" in der Folge von Alfred Döblin (insbesondere mit seinem Roman „Berlin Alexanderplatz"). Gehen Sie in Ihren Ausführungen näher auf Merkmale wie den Antihelden, die Abkehr vom allwissenden Erzähler oder die Skepsis gegenüber der Gesellschaft ein. Ihr Erschließungsaufsatz sollte in Einleitung, Hauptteil und Schluss gegliedert sein.

III. Literatur der Weimarer Republik

1.1 Ihre Übersicht könnte so aussehen:

alte Zeit	neue Zeit
Unbeweglichkeit	große Fahrt, Bewegung
Enge	viel Platz
Sonne bewegt sich um die Erde	Erde rollt fröhlich um die Sonne
Aberglauben	Erforschung der Ursachen
alter Kontinent	neue Kontinente
tausendjährige Gepflogenheit	Disput
Glaube	Zweifel
Gestirne sind angeheftet	Gestirne schweben
ein Mittelpunkt im Weltall	unzählige Mittelpunkte
glotzen	sehen

1.2 **A** 1609, d.h. am Ende der Renaissance bzw. am Anfang des Barock (nicht zuletzt Galileis Forschungen, z.B. der Formulierung der Fallgesetze just im Jahr 1609, markieren den Neubeginn)
B seit der Antike, also vom 5./6. vorchristlichen Jahrhundert an (als Anspielung auf Aristoteles und seine zweitausendjährige kritikfreie Rezeption durch die Kirche)
C Mittelalter (manchmal auch als „tausendjährige Nacht" bezeichnet), d.h. die Zeit zwischen etwa 500–1500 n. Chr.
D Renaissance, die „Wiedergeburt der Antike", die durch viele Veränderungen (Buchdruck, Entdeckung Amerikas, Reformation, Magellans Weltumseglung u.a.) geprägt war

1.3 Galilei wird als etwas kauziger Wissenschaftler eingeführt (zahlt seine Rechnungen nicht, wäscht sich in Anwesenheit des Knaben, hält Reden statt zu frühstücken), der aber voller Visionen ist (→ neue Zeit!) und sich dem Knaben Andrea annimmt, welcher für ihn Schüler/Proband seiner Visionen ist – nämlich der, dass die Wissenschaft volkstümlich wird: *Ich sage voraus, daß noch zu unsern Lebzeiten auf den Märkten von Astronomie gesprochen werden wird. Selbst die Söhne der Fischweiber werden in die Schulen laufen.* [Z. 110–114]. Im Umgang mit Andrea zeigt er sich geduldig. Er erklärt ihm die Dinge mehrfach, aber auch aufbrausend (*Dummkopf!* [Z. 173]).

1.4 Unter „epischem Theater" versteht man eine Theaterkonzeption, die sich vom „dramatischen Theater" dadurch absetzt, dass sie den Zuschauer nicht in die Handlung hineinziehen und bei ihm ein Mitleiden, also Gefühle, sondern vielmehr seinen Verstand ansprechen möchte. Dies geschieht durch die Schaffung einer „epischen", d.h. erzählenden Distanz. Ein wichtiges Mittel, diese Distanz zu erreichen, sind dabei die so genannten Verfremdungseffekte (z.B. Überschriften bzw. kurze Inhaltsangaben am Szenenanfang, u.ä., was den Zuschauer aus seiner Illusion herausreißt: sichtbare Bühnentechnik, Projektionen, Anrede des Publikums, eingeschobene Lieder oder Zitate). – Neben den angesprochenen Verfremdungseffekten steht im vorliegenden Szenenausschnitt keine Handlung im Mittelpunkt (es geschieht nichts „Dramatisches"), sondern es wird erklärt.

1.5 Erwin Piscator war einer der Wegbereiter des „Agitations- und Propaganda-Theaters", welches stark politisch gefärbt die Ziele der Arbeiterbewegung verfolgte – stärker noch als das „epische Theater". Das „Agitprop-Theater", vorrangig durch Laientheatergruppen interpretiert, diente der politischen Bildung und zeichnete sich durch Stilmerkmale aus wie: satirische Kurzszenen, Einschub von Dokumentarfilmen und vor allem durch agitatorische Sprechchöre, die proletarisch-revolutionäre Ziele proklamierten. Brechts Theorie des „epischen Theaters" ist u.a. vom Agitprop-Theater inspiriert worden.

1.6 Unter der „Neuen Sachlichkeit" versteht man eine literarische Strömung, die sich gegen den (utopischen) Expressionismus abgrenzen wollte und sich um Sachlichkeit (Objektivität und Exaktheit) in der Darstellung bemühte. Bekannte Werke sind: Ödon von Horváths „Der ewige Spießer" (1930), Erich Kästners „Fabian" (1931), Marieluise Fleißers „Mehlreisende Frieda Geier" (1931), Irmgard Keuns „Das kunstseidene Mädchen" (1932) oder Hans Falladas „Kleiner Mann – was nun?" (1932)

2.1 **A** falsche Aussprache bzw. Verwendung fehlerhaft gespeicherter Wörter (*Kippernikus* statt „Kopernikus"); fehlerhafte (zumindest sehr umgangssprachliche) Attributierung (*dem Kippernikus seinem Drehen* statt „dem Drehen von Kopernikus"); elliptischer Satzbau (es fehlt das Prädikat); verallgemeinernde Nominalisierung (*mit dem Drehen* statt z.B. „die Annahmen über die Drehbewegungen/Umlaufbahnen")
B Hierbei kommt es vor allem auf Ihre Begründung an. Unter einer Sprachvarietät versteht man einen differenzierten Ausschnitt aus dem Gesamtpotential einer Sprachgemeinschaft. Sprachvarietäten sind in sich relativ geschlossen, d.h. sie werden von einer relativ genau umgrenzten Gruppe von Menschen gesprochen, sei es als Dialekt (regionale Differenzierung), sei es als Berufssprache (fachliche Differenzierung) oder sei es als Soziolekt (d.h. als Sprache einer bestimmten Schicht, z.B. Jugendsprache). Kindersprache grenzt nun, vergleichbar der Jugendsprache, ebenfalls eine soziale Gruppe ein, ist aber, anders als Jugendsprache, nicht in sich relativ geschlossen, sondern vielmehr oft zufällig (z.B. bei unbewussten Sprachfehlern).

2.2 Subjekt: Galilei; Prädikat: hat verstanden

2.3 In diesem Fall meint es die Auslegung der Heiligen Schrift – also die sinnhafte Interpretation der Bedeutung von Wörtern. Neben dem wörtlichen Sinn gibt es noch verschiedene Arten des übertragenen Sinns (z.B. in Metaphern, Symbolen). Ein Beispiel wären die Sinnarten des Wortes „Holzkopf". So meint man mit der Beschimpfung „Holzkopf" nicht, dass der Kopf dieser Person tatsächlich aus Holz besteht (Wortsinn), vielmehr ist die Bezeichnung bildhaft zu verstehen (im Sinne von „er benimmt sich gerade so, als ob er einen Kopf aus Holz hätte", und somit nicht denken kann).

3.1 Ihr Bericht sollte eine Überschrift haben (z.B. „Johannes Paul II. greift den Fall Galilei auf") und auf die W-Fragen Antwort geben; also neben Ort und Zeit der Rede knapp und präzise den Inhalt zusammenfassen: Papst spricht von *Irrtümern* [Z. 6], schmerzlichen *Missverständnissen* [Überschrift] und der Unfähigkeit damaliger Theologen, zwischen Wortsinn und Deutung der Bibel zu unterscheiden; der Papst behauptet die Existenz von zwei Wissensbereichen, die aber keine Gegensätze bilden. Achten Sie darauf, dass Sie sich auf die sachlichen Angaben beschränken (d.h. nur informieren) und die Rede des Papstes nicht bewerten.

3.2 **1.** In der Redeanlayse sollten Sie die Rede inhaltlich zusammenfassen und die Argumentation des Papstes nachzeichnen. In diesem Zusammenhang könnten Sie das Wissenschaftsverständnis des Papstes erläutern (Existenz von zwei Wissensbereichen, die aber keine Gegensätze bilden, sondern Begegnungspunkte besitzen). Sie sollten außerdem den Text sprachlich beschreiben und insbesondere auf die Wortwahl des Papstes (*Irrtümer* [Z. 6], *schmerzliche Missverständnisse* [Überschrift]) ebenso eingehen wie auf die von ihm eingesetzten Redestrategien (offene Redestrategien: Selbstkritik, rationale Argumentation, Vermittlung). Die sprachliche Beschreibung kann überleiten zum zweiten Frageteil.
2. Hier kommt es vor allem auf Ihre Begründung an. Einerseits gesteht der Papst Fehler ein, formuliert diese aber vergleichsweise vage (*Irrtümer* [Z. 6]). Insbesondere geht er nicht darauf ein, dass Galilei von der Kirche zum Widerruf gezwungen wurde oder entschuldigt sich gar. Ihr Erschließungsaufsatz sollte in Einleitung, Hauptteil und Schluss gegliedert sein. Im Schlussteil können Sie dabei die Rede bewerten (z.B. indem Sie Kritik an der fehlenden Deutlichkeit üben oder indem Sie den wissenschaftstheoretischen Ansatz des Papstes würdigen).

IV. Literatur um 1900

1.1 Der Sprecher fürchtet sich vor den Worten, weil durch die Benennung der Dinge ihr Wesen und ihr „Sinn" verloren geht – sie werden abgegrenzt von anderen Dingen und werden *starr und stumm* [Z. 11].

1.2 Unter „Symbolismus" versteht man eine Kunstrichtung, die sich gegen die Vorstellungen des Realismus und Naturalismus abgrenzt. Statt einer detaillierten Wirklichkeitsbeschreibung zielt ihr Schreiben auf die Frage, was sich hinter der Oberfläche der sichtbaren Welt verbirgt. Auch Rilkes Gedicht betont, dass man die Dinge *umbringt* [Z. 12], indem man sie benennt, statt sie *singen* [Z. 10] zu lassen. Sein Gedicht ist aber insofern untypisch, als es kaum „symbolische" Sprachformen, Metaphern oder suggestive Ausdrücke verwendet.

1.3

	Begriffsbestimmung
Sprache („langue")	das Soziale, das Wesentliche; ein System, das „virtuell" in jedem Gehirn vorhanden ist, aber vollständig nur in der Masse aller Sprecher existiert – das heißt, dass die „langue" die Voraussetzung für die „parole" darstellt
Sprechen („parole")	das Indivuelle; das Akzessorische (d. h. Zufällige); der „code" der Sprache; der psycho-physische Mechanismus der Hervorbringung von Sprache – das heißt, dass „parole" immer eine konkrete sprachliche Äußerung darstellt, die in dieser Form (Lautstärke, Tonfall usw.) nicht wiederholbar ist

1.4 Die Reduzierung und Verdichtung von Sprache führt zu einer Intensivierung der Aussage des Gedichts; die Verwendung, Aneinanderreihung und Wiederholung assoziationsreicher Substantive (z. B. *Grauen* [Z. 1, 3, 7]) bewirkt das Gefühl eines (Sprach)Bombardements. Über das *Ich* [Z. 2, 8] wird die Gefahr unmittelbar, fast greifbar und entlädt sich in einem „expressionistischen Schrei" (wie im expressionistischen Meisterwerk Edward Munchs „Der Schrei"). Sowohl die Sprachkraft des Gedichtes als auch die Thematik, die Beschreibung des Kriegsgrauens, sind charakteristisch für expressionistische Lyrik, welche vor allem durch Sprachexpressivität sowie Sprachkraft gekennzeichnet ist.

2.1 Die Schwierigkeit besteht darin, neue Begriffe bzw. Vorstellungen in Worte zu fassen (mit bestehenden Wörtern zu bezeichnen). Daraus resultieren Fachwörter, die innerhalb des Fachgebietes nicht unbedingt dieselbe Bedeutung haben wie in der Alltagssprache (z. B. „Sprache" bei de Saussure vs. Alltagssprache; „Punkt" in der Mathematik im Vergleich zur Rechtschreibung oder in der umgangssprachlichen Wendung „Jetzt komm aber mal auf den Punkt.").

2.2 Unter einem Zeichen versteht man die kleinsten relativ selbstständig isolier- und kombinierbaren Bedeutungsträger einer Sprache. Jedes Zeichen besteht aus zwei Seiten: einerseits die Laut- bzw. Ausdrucksseite, die etwas bezeichnet (man nennt sie nach de Saussure „Signifikant", d. h. das Bezeichnende); andererseits die Bedeutung- oder Inhaltsseite (man nennt sie nach de Saussure „Signifikat", d. h. das Bezeichnete), also das, was bezeichnet wird.

2.3 Hier kommt es vor allem auf Ihre Begründung an: Einerseits zeigt die Abbildung einen Sender und einen Empfänger sowie die Nachricht/den Code; die Pfeile deuten außerdem an, dass der Prozess zweiseitig bzw. umkehrbar ist. Insofern kann die Abbildung als (sehr) einfaches Kommunikationsmodell verstanden werden. Andererseits wäre die Darstellung der Nachricht / des Codes deutungsbedürftig, d. h. dass nicht unmittelbar ersichtlich ist, was genau durch die Linien veranschaulicht wird (eigentlich zeigen sie einen physiologisch-physikalischen Prozess an). Ebenso deutungsbedürftig ist die Darstellung der Kodierung bzw. Dekodierung durch den Sender und den Empfänger, d. h. es wird nicht ersichtlich, dass die Nachricht mit einer Absicht und beim Empfänger mit einer Wirkung verbunden ist. Die Darstellung lässt außerdem nichtsprachliche Mittel (Mimik, Gestik) außer Betracht. Insgesamt ist die Darstellung also weniger als Kommunikationsmodell einsetzbar.

3.1 Inhaltlich sollte Ihre Darlegung Folgendes enthalten: Die Kreise zeigen einen psychologischen Vorgang an (dem Lautbild wird eine Assoziation zugeordnet), die durchgezogenen Linien zeigen einen physiologischen Vorgang an (die Sprechorgane artikulieren nach den Gehirnimpulsen), die gestrichelten Linien schließlich zeigen den physikalischen Vorgang an (Schallwellen zwischen Mund und Ohr). Außerdem sollten Sie eine Einleitung formulieren, in der Sie sagen, in welchem Zusammenhang die Abbildung steht (Unterscheidung „parole"/„langue"). Abschließend sollten Sie formulieren, was durch diese Darstellung deutlich wird bzw. weshalb sie wichtig ist (Sprache ist nicht gleich Sprechen, was sich durch die unterschiedlichen Vorgänge verdeutlichen lässt).

3.2 Stramms scheinbar lose Wortaneinanderreihungen lösen beim Leser/Zuhörer spezielle Gefühle aus. Die (akustische) Wahrnehmung negativ besetzter sprachlicher Zeichen (z. B. *Splittern* [Z. 4]) sowie assoziationsreicher Zeichen (z. B. *Träumen* [Z. 4]; *Sterneblenden* [Z. 5]) setzt einen psychischen Prozess in Gang, der aus Wörtern bildhafte Vorstellungen macht, die im gemeinsamen Kontext erschlossen und interpretiert werden müssen. Durch den Titel des Gedichts „Angststurm" wird die Interpretation konsequent in eine Richtung gesteuert. Die starke affektive Auseinandersetzung mit dem Gedicht ist von August Stramm (über die Sprachform) gewollt und für ihn eine adäquate Form, um sich künstlerisch mit den Schrecken des Krieges auseinanderzusetzen – psychologische Reizübertragung.

3.3 **1.** Neben der formalen Beschreibung – drei vierzeilige, gereimte Strophen (zweimal umarmender Reim, in der letzten Strophe Paarreim), die deutlich rhythmisch untergliedert sind (z. B. mit einem jambischen Grundmuster in Vers 1, das aber sofort in Vers 2 gebrochen wird) – sollten Sie hier vor allem den Inhalt zusammenfassen: Das lyrische Ich fürchtet sich vor Worten, da die Benennung der Dinge der Welt eine Verarmung bedeutet. Die Welt wird eingeteilt und auf diese Weise restlos geklärt, wodurch die Menschen einen gottähnlichen Herrschaftsanspruch ausdrücken. Deshalb mahnt das lyrische Ich zur Vorsicht und Distanz. Das Wesen der Dinge eröffnet sich durch ihr „Singen"; durch Sprache macht man sie *starr und stumm* [Z. 11] und bringt sie um [Z. 12].
2. Hier können Sie zunächst von dem Gedicht selbst ausgehen und diskutieren, ob der Autor durch seine Worte die Dinge umbringt. Beachten sollten Sie hierbei, dass das Gedicht durchaus kunstvoll gestaltet ist und die Worte selbst an manchen Stellen zum „Singen" bringt. In einem zweiten Schritt müssen Sie dann aber den Fokus Ihrer Darstellung erweitern und die Frage allgemein diskutieren. Sie können dabei poetologische, ästhetische oder sprachphilosophische Überlegungen mit einfließen lassen. Grundsätzlich steht alle Sprachkritik bzw. -skepsis vor dem Problem mittels Sprache ausgedrückt werden zu müssen (Verhältnis Denken/Sprache). Zugleich haben Wörter einen Eigenwert, der nicht zuletzt durch Dichtung deutlich wird. Wie Sie die Frage letztlich beantworten, ist Ihnen überlassen. Wichtig ist, dass Ihr Standpunkt deutlich wird und nachvollziehbar begründet ist.
3. Ihr Erschließungsaufsatz sollte in Einleitung, Hauptteil und Schluss gegliedert sein. Im Schlussteil können Sie dabei die dritte Frage aufgreifen (zugleich als begründete Wertung).

V. Naturalismus

1.1 Das Thema in „Papa Hamlet" ist das soziale Elend des großstädtischen Proletariats mit all ihren Folgen (Alkoholismus, Kindsmord). Milieuschilderungen und die Schattenseiten des Lebens (auch Verwahrlosung, Kinderelend, Ausbeutung von Arbeitern, Verbrechen usw.) sind zentrale Themen des Naturalismus. Neben den Arbeiten von Holz/Schlaf gehören die Novelle „Bahnwärter Thiel" (1888) und das Massendrama „Die Weber" (1893) von Gerhart Hauptmann zu den bekanntesten Werken des Naturalismus.

1.2 **A** nein; **B** ja; **C** ja; **D** nein; **E** ja; **F** ja

1.3 Mit der Formel soll zum Ausdruck gebracht werden, dass das Ziel der Literatur in der Annäherung an die Natur besteht (im Idealfall besteht also Identität zwischen Natur und Kunst). „x" steht dabei für alles, was ein Kunstwerk von der Realität, die es abbilden will, unterscheidet – also insbesondere für die subjektive Sicht des Künstlers.

1.4 Im Vergleich zu Herodots Geschichte, die Benjamin in seinem Text anführt, liefert „Papa Hamlet" dem Leser weitaus mehr Erklärungen, die dem Leser das Textverständnis erleichtern. Holz/Schlaf schildern die sozialen Verhältnisse eindringlich und erlauben Einblicke in die Psyche Thienwiebels. Allein der tatsächliche Kindsmord wird nicht benannt und muss vom Leser erschlossen werden, z. B. indem er den Tod Thienwiebels als eine Art Buße für die Tötung des eigenen Kindes begreift (als eine mögliche Lesart). So sind – nach Benjamin – die Kindstötung und der darauf folgende Tod Thienwiebels die Handlungsstränge, die zum *Staunen und Nachdenken* [Z. 64] anregen (auch wenn der literarische Anspruch unter dem der Geschichte Herodots bleibt, da die Füllung der Leerstelle nicht so variantenreich ist.)

2.1

Umgangssprache	salopper Wortschatz (z. B. *Friss*! [Z. 97, 100]); kurze, überwiegend parataktische Sätze (z. B. *Das Kind – ist ja schon wieder auf*! *Das – Kind schreit ja*! [Z. 67 f.])
gesprochene Sprache	Verschmelzungen (z. B. *hat's* [Z. 36] statt „hat es"); Wortverkürzungen (z. B. *nu* [Z. 95] statt „nun"); Satzabbrüche (z. B. *Dies viele Nähen …* [Z. 54]); elliptische Sätze (z. B. *Is auch wahr*! [Z. 50]); Pausen, stockendes Sprechen (z. B. *L–ampe* [Z. 111]); Interjektionen / tonale Zeichen (z. B. *Ae* [Z. 29])
Soziolekt	Die Beispiele zur Umgangssprache und zur gesprochenen Sprache verdeutlichen, dass Thienwiebel und seine Frau einen restringierten (bildungsfernen) Sprachcode verwenden. Er ist typisch für die soziale Schicht des „Lumpenproletariats", dem beide angehören. Im Kontrast dazu steht der Name des Sohnes (Fortinbras), der auf Shakespeares „Hamlet" zurückzuführen ist, sowie der „Sommernachtstraum" auf dem Nachttisch.

2.2 Unter einem Dialekt versteht man regional beschränkte und historisch gewachsene Varietäten einer Standard- oder Nationalsprache. Dialekte weisen dabei Besonderheiten auf allen Sprachebenen auf:
- Prosodie (= Lauteigenschaften), z. B. hat das Schweizerdeutsche einen Tiefentonakzent, d. h. dass die Stimme bei der betonten Silbe gesenkt wird, wie ↘*Was*↗*ser* (hochdeutsch: ↗Was↘ser)
- Lautebene, z. B. haben die Vokale und Diphthonge in den meisten Dialekten eigene Lautqualitäten, wie alemannisch *Mueder*, bairisch *Muader* (hochdeutsch: Mutter)
- Wortbildungsebene, z. B. heißt im Schwäbischen die Verkleinerungsform „-le", wie *Ach Gottle*! (hochdeutsch: Ach Gottchen!)
- Wortschatzebene, z. B. heißt hochdeutsch „klein" im Niedersächsischen bzw. Niederdeutschen *lütt*
- Grammatik/Morphologie, z. B. fällt in niederdeutschen Dialekten der Dativ mit dem Akkusativ zusammen, wie *dik*/*dik* (hochdeutsch: dir/dich)
- Satzebene/Syntax, z. B. schwankt die Wortstellung in manchen Dialekten, wie bairisch *Wie mer gestern Abend heim sinn komme*, schwäbisch *Wie mer senn gestern Abend heim komme*

3.1 Ihre Umformung könnte so aussehen:
Die Information ist <u>in dem</u> Augenblick <u>wertlos</u>, in dem sie neu war. Sie lebt nur in diesem Augenblick, <u>dem sie sich gänzlich ausliefern und ohne Zeit zu verlieren erklären muss</u>. Die Erzählung verausgabt <u>sich im Gegensatz dazu</u> nicht. Ihre Kraft ruht versammelt im Inneren und <u>kann sich</u> auch nach langer Zeit noch <u>entfalten</u>. So ist Montaigne auf die vom Ägypterkönig zurückgekommen und hat sich gefragt: Warum klagt er erst, <u>als er den Diener sieht</u>, und nicht vorher? So kann man die Geschichte verstehen. Sie kann aber auch auf andere Weisen <u>gedeutet werden</u>. <u>Wer</u> die Frage Montaignes einmal im Kreis seiner Freunde aufwarf, kann mit <u>diesen anderen Deutungen</u> Bekanntschaft machen.

3.2 **1.** Benjamin grenzt zunächst die literarische Erzählung gegen die Nachricht/die Information ab. Der Hauptunterschied besteht demnach darin, dass die Erzählung nicht schon automatisch mit Erklärungen „durchsetzt" ist, sondern Leerstellen enthält. Für eine erklärungsfreie Erzählung gibt der Autor dann ein Beispiel von Herodot, an dem er zeigt, wie eine Erzählung *ihre Kraft versammelt im Innern* [Z. 37 f.]. Diese „Kraft" besteht zum einen darin, dass sie verschiedene Deutungen nicht nur zulässt, sondern sogar herausfordert; zum anderen besteht sie darin, dass sie ihre *Keimkraft* [Z. 67] über einen langen Zeitraum bewahren kann. Für den Rezipienten bedeutet dies, dass er Geschichten nicht wie Nachrichten konsumieren kann, sondern sich vielmehr auf sie einlassen muss und sich dabei nicht sicher sein kann, jemals die richtige Deutung zu finden. Benjamins Text weist eine vergleichsweise schlichte Argumentation auf; enthält aber eine Reihe impliziter Forderungen bzw. Kritik, woraus sich zugleich die Wirkungsabsicht des Textes ergibt.
2. Benjamin kritisiert indirekt sowohl die gegenwärtige Literatur (im richtigen Erzählen *waren* vor allem die *Alten Meister; Herodot an ihrer Spitze* [Z. 10 f.]), als auch die gegenwärtigen Leser bzw. die Zeitumstände (Überflutung mit Nachrichten; keine Zeit, sich auf Inhalte einzulassen), woraus sich wiederum direkte Forderungen ableiten lassen (z. B. Literatur muss von zeitloser Gültigkeit sein und sollte nicht in erster Linie das Bedürfnis des Lesers nach erklärbaren Neuigkeiten befriedigen.). Wie Sie dabei die Wirksamkeit des Textes bewerten, liegt bei Ihnen: Einerseits hat sich an der Diagnose Benjamins bis heute nichts geändert (Dominanz der Information, „erklärende" Literatur), andererseits sagt selbst Benjamin, das Fehlen von Erklärungen sei die *halbe Kunst* [Z. 8], d. h. dass die Erzählkunst auch in anderem besteht. Hier können Sie Ihre eigenen Leseerfahrungen mit einbeziehen, indem Sie erläutern, was für Sie eine kunstvolle Geschichte ausmacht bzw. heute als gute Geschichte gilt. Ihr Erschließungsaufsatz sollte dabei in Einleitung, Hauptteil und Schluss gegliedert sein.

VI. Bürgerlicher Realismus

1.1 Von Fontane stammen: „Frau Jenny Treibel", „Der Stechlin", „Irrungen Wirrungen" sowie „Mathilde Möhring"; „Agnes Bernauer" und „Maria Magdalena" sind Dramen von Friedrich Hebbel, „Der grüne Heinrich" ein Roman von Gottfried Keller, „Das Gemeindekind" ein Roman von Marie von Ebner-Eschenbach, „Immensee" eine Novelle von Theodor Storm

1.2 Mann mit Effi beim Picknick am Strand; Effi ist dem Mann abgewandt, blickt mit einer Reitgerte spielend betroffen/verlegen zu Boden; der Mann isst gerade und blickt Effi misstrauisch-vorwurfsvoll an; im Bildvordergrund sind weitere Picknickutensilien zu sehen – Perspektive: Normalsicht, Einstellung: Halbtotale – Durch die Einstellung wird die Umgebung miterfasst, gleichzeitig die Figuren aber so groß gezeigt, dass man Mimik und Gestik gut erkennen kann und sich dadurch das Verhältnis der Figuren gut erkennen lässt.

1.3 Angesichts der wahrscheinlichen Probleme in der Ehe von Effi und von Innstetten (→ Lösung 3.1 und 3.2) und dem misstrauisch-vorwurfsvoll Blick des Mannes ist es durchaus möglich, dass es sich um von Innstetten handelt. Andererseits sieht der Mann nicht so aus, als wäre er über 20 Jahre älter als Effi (die hier wie eine ca. 30-Jährige aussieht, aber er nicht wie ca. 50). Tatsächlich spielt Wolfgang Schenk den Baron von Innstetten.

2.1 In der Tabelle zu den sprachlichen Formen finden Sie ausführliche Erläuterungen zur jeweiligen Sprachform.

Sprachliche Formen	Beispiele
„so" wird als konditionale Konjunktion verwendet (statt „dann")	So müsst' es ein japanischer Bettschirm [Z. 61] so lacht man über dergleichen [Z. 29] so werdet ihr eine Musterehe führen [Z. 61 f.]
„so" wird zur Hervorhebung eines Adjektiv (also in attributiver Funktion bzw. als Adverb) gebraucht	Ich sah das so recht [Z. 18] ich hatte es mir so schön und poetisch gedacht [Z. 34 f.] Und er schreibt doch immer so heiter [Z. 50]
„so" wird als Nomenbegleiter (Artikelwort) gebraucht; hier im Sinne des Indefinitpronomens „solche"	Das sind so Vorstellungen [Z. 38 f.]
„so" wird hier als demonstratives (und zwar rückverweisendes) Pronomen gebraucht	Ja, Mama, so bin ich [Z. 23 f.] wenn er in der Ehe so bleibt [Z. 61] Sagst du das so bloß aus Übermut und Laune [Z. 81]

2.2 Beispiele könnten sein:
- Morphologie/Flexion: Verwendung des Dativ-e (*ganz im Ernste* [Z. 3], *in ruhigem Tone* [Z. 46]; heute nur noch in stehenden Wendungen wie „im Falle eines Falles")
- Morphologie/Wortbildung: *Getier* [Z. 20]
- Lexik: *unterhaltlich* [Z. 50], *Ampel* [Z. 21], *ungewogen* [Z. 30]
- Lexik/Syntax: Verwendung von „so" als konditionale Konjunktion (→ Lösung 2.1)

3.1 Ihre Folie sollte eine Überschrift haben (z. B. „Soziale Rolle der Frau in der Wilhelminischen Gesellschaft") und dann wichtige inhaltliche Gesichtspunkte (Frauenüberschuss, ideologische Aufwertung des Status „Ehefrau", Herabwürdigung weiblicher Berufstätigkeit, Beschränkung des weiblichen Wirkungskreises auf das Private, Frauen werden „dumm" gehalten, oft demütigende innerfamiliäre Verhältnisse) übersichtlich geordnet enthalten. Auf der Folie müssen Sie keinesfalls alle Informationen festhalten. In einem Referat käme es dann darauf an, dass sie einzelnen Punkte auch noch weiter erläutern könnten, z. B. „Frauenüberschuss" → gegen die Jahrhundertwende rund 2 1/4 Million; oft demütigende innerfamiliäre Verhältnisse → führte oft zu schweren psychosomatischen Erkrankungen usw.

3.2 **1.** Effis Vorstellungen einer Ehe sind konträr zu dem, was sie in der Ehe mit Innstetten erwarten wird. Weder *Zärtlichkeit und Liebe* [Z. 70] noch *Hofball und Galaoper* [Z. 79] werden diese Ehe kennzeichnen. Sie fühlt sich für eine Ehe noch nicht bereit und ahnt, dass sie ihr altes Leben komplett verabschieden muss.
2. In Ihrem Brief könnten Sie Effi vorsichtig von ihrer Ehe mit Innstetten abraten oder zumindest zum Aufschub der Hochzeit raten. Effi ist ein lebenslustiges Mädchen, das ahnt, dass sie ihre Freiheiten aufgeben muss, sobald sie ein „Dame" ist, und noch nicht bereit scheint, diesen Rollenwechsel zu vollziehen (vgl. den Gefühlsausbruch am Ende des Auszugs). Abgesehen vom Inhalt ist es wichtig, dass Sie sich sprachlich-stilistisch an der Vorlage orientieren.
3. Achten Sie auf formale und sprachliche Mittel (Ansprache, Datum, Anrede usw.), die einen privaten Brief kennzeichnen. Außerdem sollten Sie auf eine gehobene Sprachwahl achten, wenn Sie Effi als Zeitgenosse antworten wollen.

3.3 **1.** Die Analyse des Auszugs kann (inklusive einer kurzen inhaltlichen Zusammenfassung) bereits mit Blick auf die 2. Teilaufgabe erfolgen, wobei aber deutlich werden sollte, dass das Gespräch bei aller Ernsthaftigkeit des Themas in dem lockeren Konversationston geführt wird, der dem eigentlichen Gesprächsanlass (Wünsche Effis für ihre künftige Wohnung) entspricht.
2. Die Mutter kennt Effis Charakter und ihre Vorstellungen von der Ehe genau und möchte vor allem darauf hinwirken, dass sich Effi in die Musterehe fügt. So sagt sie ihr, dass sie sich in Kessin den Erwartungen entsprechend verhalten muss (*Die, die dir ungewogen sind, und solche gibt es immer, sprechen von schlechter Erziehung, und manche sagen wohl noch Schlimmeres.* [Z. 30 ff.]), lobt ihren künftigen Gatten (*Mann der feinsten Formen, er ist auch gerecht und verständig* [Z. 61 f.]) und prophezeit schließlich eine Musterehe [Z. 62], die sie sich aber eher erhofft als sicher daran glaubt. Die Mutter ist insofern erfolgreich, als Effi bereit ist, sich in Kessin anzupassen (sie verzichtet auf den japanischen Bettschirm). Ansonsten kann die Mutter Effi nicht erreichen, da Effi überhaupt nicht an eine „Musterehe" denkt (→ 3.3.3). Sie scheint Innstetten heiraten zu wollen, weil er ihr zu *Glanz und Ehre* und *Zerstreuung* [Z. 83 f.] verhelfen kann.
3. Effis Vorstellungen von Ehe (*ich bin für gleich und gleich und natürlich auch für Zärtlichkeit und Liebe.* [Z. 69 f.]) weichen gänzlich von dem ab, was in der Zeit der Handlung unter einer „Musterehe" verstanden wird, in der sich die Frau dem Mann völlig unterzuordnen hat und praktisch rechtelos ist (Die Vorstellung von *gleich und gleich* [Z. 69 f.] ist geradezu utopisch → 3.3.2). Natürlich ist nicht ausgeschlossen, dass es auch in einer „Musterehe" Zärtlichkeit und Liebe gibt, doch ist dies keinesfalls notwendig oder wichtig. Es kann also geschlossen werden, dass die künftige Ehe allenfalls von Respekt von Effi für Innstetten getragen sein kann, und dies genau so lange, wie er ihr zu „Glanz und Ehre" und „Zerstreuung" verhelfen kann. Dass Effi vor ihrer Ehe auch große Angst hat, wird außerdem am Schluss des Auszugs deutlich, als sie weinend die Hände der Mutter küsst.

VII. Biedermeier und Vormärz

1.1 Ihre Darstellung könnte so aussehen:

altes Lied	neues Lied
• *Entsagungslied* [Z. 26], *gesungen mit wahrem Gefühl / Und falscher Stimme* [Z. 25 f.] • irdisches Jammertal: Liebe, Liebesgram und Aufopferung auf Erden, Sterbeglocken, Miserere • *Eiapopeia vom Himmel* [Z. 27], *Wiederfinden in jener besseren Welt* [Z. 20] • *Verfasser trinken heimlich Wein / Und predigten öffentlich Wasser* [Z. 32 f.]	• *ein bessres Lied* [Z. 24] • *Himmelreich auf Erden: Brot, Zuckererbsen für jedermann* [Z. 46], *Verschlemmen soll nicht der faule Bauch, / Was fleißige Hände erwarben* [Z. 40 f.] • *Den Himmel überlassen wir / Den Engeln und den Spatzen* [Z. 48 f.] • „ich" als Verfasser (*will ich euch dichten* [Z. 35])

1.2 „Vormärz": übergeordnete Bezeichnung für die Zeit zwischen dem Wiener Kongress 1814/15 und der bürgerlichen Märzrevolution von 1848; im engeren Sinne die Zeit zwischen ca. 1840 und 1848 (und damit Bezeichnung für die politische Tendenzdichtung von Georg Weerth, Ferdinand Freiligrath oder Georg Herwegh) – „Junges Deutschland": von Ludolf Wienbarg geprägte Bezeichnung für eine lose Gruppe innerhalb der Vormärzliteratur, die vor allem eint, dass sie vom Deutschen Bund 1835 mit Publikationsverbot belegt wurden (neben Heine waren dies noch Ludolf Wienbarg, Karl Gutzkow, Heinrich Laube und Theodor Mundt)

1.3 Hier kommt es natürlich auf das von Ihnen gewählte Werk an. Zu mindestens einem der folgenden Werke sollten Sie sich geäußert haben (bzw. künftig äußern können): „Woyzeck", „Der Hessische Landbote", „Dantons Tod", „Lenz" und/oder „Leonce und Lena"

1.4 Wichtige Merkmale und Themen sind u. a.: Rückzug ins Private/Häusliche, Liebe zu den kleinen Dingen, Zähmung der Leidenschaften, Hinwendung zur Natur, Fiktion einer heilen Welt, Weltschmerz, resignative Grundstimmung

2.1 Es handelt sich um vierzeilige Strophen aus zwei unterteilten Langzeilen, sodass sich jeweils nur die zweite und vierte Zeile reimen; die Verse haben ein jambisches Grundmuster (mit vier Hebungen im ersten Teil und drei Hebungen im zweiten Teil der Langzeilen).

2.2 An Stelle (1) muss kein Komma stehen, wird jedoch von Stifter gesetzt, da innerhalb der Aufzählung (dreimal ein erweiterter Infinitiv mit „zu") mit dem *Kornlein Gutes* [Z. 18] ein neuer Satzfokus gewählt wird; dies ist an Stelle (2) nicht der Fall.

3.1 Hier sollten Sie zunächst kurz die Religionsauffassung Heines zusammenfassen (→ Lösung 1.1). Wie Sie zu Heines Auffassung stehen, wissen Sie selbst am besten. Wichtig ist natürlich, dass Sie Ihre Meinung begründen. Grundsätzlich sollten Sie beachten, dass die Gegenüberstellung durch das alte und neue Lied sehr plakativ und vereinfachend ist; hier liegt es wiederum an Ihnen, wie weit bzw. eng Sie die einzelnen Aussagen fassen. (Bedeutet also etwa *falsche Stimme* [Z. 16], dass die Religion mit ihrer Jenseitsorientierung grundsätzlich abgelehnt wird oder „nur" der Missbrauch dieser Orientierung.)

3.2 **1.** Indem Stifter darauf hinweist, mit den „Bunten Steinen" noch Kleineres anzubieten, falls der Vorwurf denn wahr sei, macht er zunächst deutlich, wie wenig ihn dieser Vorwurf trifft. Dies umso mehr, als sich das „Edle und Gute" von selbst in den Schriften einstelle (falls man nämlich ein solches Gemüt habe). Tatsächlich habe er gar nie versucht, *Großes oder Kleines zu bilden* [Z. 8] und seine Schriften seien überhaupt keine Dichtungen [Z. 11f.]. Eine Stichelei gegen Hebbel (die Warnung vor *falschen Propheten* [Z. 15]) kann er sich dabei nicht versagen. Die rhetorische Strategie besteht also hier in der Bescheidenheit, dem Understatement, mit dem er seine Leser zugleich zu *gleichgestimmten Freuden* [Z. 17] macht, denen er einen Gruß schicken [Z. 18] möchte. Im Nebensatz (*Weil wir aber schon einmal vom Großen und Kleinen reden …* [Z. 36 f.]) leitet er zu seinem eigentlichen Thema über und zeigt damit, dass seine Schriften sehr wohl „Großes und Kleines" zum Gegenstand haben (und ihnen damit letztlich auch der Rang einer „Dichtung" zukommt).
2. Groß sind für Stifter in der Natur die welterhaltenden Gesetze, die immer für das Ganze und Allgemeine [Z. 57] gelten und sich daher auch im Kleinen offenbaren. Genauso verhält es sich mit dem „sanften Gesetz", das menschenerhaltend ist und sich ebenfalls nicht in scheinbar großen Einzeltaten niederschlägt, sondern sich im menschlichen Füreinander zeigt.
3. Wie Sie über das *sanfte Gesetz* [Z. 78] denken, wissen Sie selbst am besten. Wichtig ist natürlich, dass Sie Ihre Ansicht begründen. Ihr Erschließungsaufsatz sollte in Einleitung, Hauptteil und Schluss gegliedert sein.

VIII. Romantik

1.1 **A** falsch (Frühromantik = Jenaer Romantik; Spät-/Hochromantik = Heidelberger Romantik)
B richtig
C richtig
D richtig
E falsch (Goethe wird nicht zur Romantik gerechnet)
F richtig

1.2 In der Romantik wird eine Universalpoesie angestrebt, die sich u. a. in einem gattungsübergreifenden bzw. gattungsangleichenden Schreiben zeigt. In romantischen Prosawerken werden so häufig Gedichte (meist Lieder) eingearbeitet.

2.1 **A** Konjunktiv II
B Konjunktiv II
C Indikativ
D Konjunktiv II

Deutung: Die indikativische Strophe 2 wird durch Vorstellungen und Annahmen gerahmt, wodurch die Situation des Sprechers nicht nur deutlich hervorgehoben wird, sondern letztlich auch offen bleibt, ob die konjunktivischen Teile Anlass oder Folge seiner Wahrnehmung sind.

2.2 Es handelt sich um einen finalen Adverbialsatz.

3.1 Inhaltlich ist festzustellen, dass der Schüler zwar vieles richtig beobachtet (der Schreibplan enthält keine Fehler), aber auch manches nicht gesehen hat: z. B. die symmetrische Zweiteilung, (→ Vers 2, 2. Strophe); die Entwicklung bzw. den Gegensatz zwischen Strophe 2 und 3 (wilde Natur vs. Kulturlandschaft); das Innenleben des lyrischen Ichs; typische Motive der Romantik und ihre Funktion. Der Aufbau des Schreibplans ist sehr bieder. Es ist zwar nicht falsch, in der Einleitung Titel, Autor und Thema zu nennen, doch könnte man auch originellere

Einstiege finden: z. B. durch Bezug auf die Deutung, die Zeit der Romantik oder die Lebenswelt des Lesers, wobei wichtig wäre, dass zwischen Einleitung und Schluss eine Verbindung besteht. Im Hauptteil ist wichtig, dass alle Beobachtung auch funktional gedeutet werden (nur festzuhalten, dass das Gedicht aus drei achtzeiligen Strophen mit Kreuzreimen besteht, ist unergiebig).

3.2 Hier können Sie sich im Aufbau an Aufgabe bzw. Lösung 3.1 orientieren. Inhaltlich können Sie auf Ihre Arbeitsergebnisse aus den Aufgaben 2.1 und 2.2 zurückgreifen. Deutlich werden sollte die Entwicklung über die drei Strophen: Sprecher erlebt (oder träumt?) eine Situation, die ihn an eine Vereinigung von Himmel und Erde erinnert. In Strophe 2 wird die Situation des Sprechers beschrieben, die zugleich das Ergebnis von Strophe 1 sein könnte. Beachten Sie, dass die Situation ganz sinnlich erlebt wird. Diese Sinnlichkeit überträgt sich auf die Seele, Strophe 3, die nun scheinbar *nach Haus* [Z. 12] fliegt (also in den Tod, den Himmel, den Traum o. Ä.). Wichtig sind dann die Sehnsuchts-Motivik und, damit verbunden, die lyrische Situation (Mondnacht!), die typisch für die Romantik sind.

3.3 **1.** Eckhardt kritisiert, dass durch die Überdehnung des Musikbetriebs das zerstört werde, was Musik speist [Z. 28–31]: statt die Sinne zu schärfen, durch Hören von Musik einen Bezug zur Realität herzustellen, dem Leben Sinn zu geben, den Anforderungen des Wandels zu bestehen, zur Wahrnehmung von Zeit und Stille zu führen, komme ein Selbstzerstörungprozess in Gang, der letztlich *aggressiv und krank* [Z. 53] macht.
2. In Ihrem Brief sollten Sie die Aspekte aus der 1. Teilaufgabe mit einbeziehen. Auch wenn man Eckhardt insgesamt zustimmt (was man nicht tun muss), so bleibt dennoch kritisch zu bemerken, dass manche seiner Ausführungen bloße Behauptungen sind, für die er keine Gründe oder gar Beweise nennt (Woher weiß er zum Beispiel, dass Muzak das Bewusstsein schädigt? Was versteht er überhaupt unter „Bewusstsein"? Wieso soll jemand, der sich gerne CD's anhört, nicht ein Live-Konzert genießen können? Usw.). Schließlich übersieht Eckhardt, dass der von ihm angeprangerte Musikgebrauch auch musikalische Freiräume schafft (ohne die Einnahmen aus der Ware Musik mit ihrer Anpassung an den Massengeschmack wäre ernsthafte Musik heute gar nicht bezahlbar). Hier ließen sich auch Parallelen zum Buchmarkt ziehen. Abgesehen vom Inhalt Ihres Briefes, sollten Sie darauf achten, dass Sie adressaten- und kontextbezogen schreiben (also Ihrem Musiklehrer z. B. zuerst danken, einen höflichen standardsprachlichen Stil einhalten usw.).
3. Diese Lösung hängt von der Bearbeitung der 2. Teilaufgabe ab.

IX. Klassik

1.1 **Fall 1**: das Gemüt prägt, während die Rede fortschreitet, die verworrene Vorstellung zur Deutlichkeit aus [Z. 35–39]
Fall 2: Reden als *wahrhaft lautes Denken* [Z. 68] (Vorstellungen und Bezeichnungen kongruieren [Z. 68–71])
Fall 3: Rede muss zurückbleiben, *wenn der Geist schon, vor aller Rede, mit den Gedanken fertig ist* [Z. 74–77]
Fall 4: plötzlicher Übergang des *Geistes vom Denken zum Ausdrücken* [Z. 98 f.] schlägt *die ganze Erregung desselben, die … zum Hervorbringen erforderlich war, wieder nieder* [Z. 99 ff.]

1.2 Maria ist möglicherweise durch die Umstände *und der daraus resultierenden Erregung* [des] *Gemüts* [Z. 64 f.] so beeinflusst, dass ihre wahren Gedanken wie eine *Achse* [Z. 74] ihr Sprechen bestimmten.

1.3 Stilistisch auffällig im Kleist'schen Text sind vor allem die vielen verschachtelten Sätze, die an folgendes Verfahren denken lassen: Ich *bediene mich anderer, die Rede ausdehnender, Kunstgriffe, zur Fabrikation meiner Idee* [Z. 44 f.], d. h. dass Kleist so schreibt, als würde er beim Schreiben seine Gedanken entfalten und ordnen.

2.1 Der Hímmel hát für Eúch entschiéden, Schwéster! / Gekrönt vom Siég ist Eúer glúcklich Haúpt, / Die *Góttheit* bét ich an, die Eúch erhóhte! – Es handelt sich um einen so genannten Blankvers (= steigender/jambischer ungereimter Fünftakter).

2.2 Die Regieanweisungen sind sehr aussagekräftig; das dort geforderte nonverbale Verhalten prägt den Dialog maßgeblich. Beispiele nonverbalen Verhaltens: *„Sie fällt vor ihr nieder."* [Z. 11] (= Unterwerfung), *„zurücktretend"* [Z. 16] (= Distanzierung); Beispiele paraverbalen Verhaltens: *„mit steigendem Affekt"* [Z. 21] (= zunehmende Erregung: Stimme wird lauter, aggressiver), *„kalt und streng"* [Z. 34] (= Ablehnung, Überlegenheit: herablassender Ton)

2.3 Hier sollten Sie zunächst die zugrunde liegende sprachphilosophische Frage skizzieren:
- monistische Auffassung, die im Denken und der Sprache zwei Ausdrucksformen desselben Vorgangs sieht
- dualistische Auffassung, die das Denken als primär ansieht und die Sprache nur als davon getrenntes Mittel betrachtet

Der Essay von Kleist lässt sich keiner der beiden Positionen eindeutig zuordnen. Kleist sieht aber den engen Zusammenhang (Sprache als Rad an der Achse des Geistes) eher monistisch. Dieser Zusammenhang ist jedoch nicht zwingend, da das Denken die Sprache auch behindern kann.

2.4 Hier kommt es vor allem auf Ihre Begründung an, wobei wichtig wäre, dass Sie Kriterien zur Beurteilung der Frage benennen. Das Gespräch zwischen Maria und Elisabeth kann insofern als Beispiel für misslungene Kommunikation gelten, da es Maria nicht gelingt, ihr Gesprächsziel zu verwirklichen; andererseits kommt es zu keinen Missverständnissen im eigentlichen Sinne.

3.1 In Ihrem Dialog müsste Maria auf alle Vorwürfe und Belehrungen verzichten und sich wirklich unterwerfen, was auch bedeutet, dass sie die Verhöhnung von Elisabeth nicht nur hinnimmt, sondern sich auch ihrer Schuld bekennt und dafür Verzeihung erfleht. Bedenken Sie, dass Elisabeth Maria nur begnadigen kann, wenn sie absolut sicher ist, dass ihr von Maria keine weitere Gefahr mehr droht (→ 3.2.1).

3.2 **1.** Wichtig ist hier, dass Sie die jeweiligen Gesprächsabsichten/Intentionen detailliert herausarbeiten: Maria hat vor, sich zu unterwerfen (*Fahr hin, ohnmächtiger Stolz der edlen Seele* [Z. 3]), unterläuft diesen Versuch jedoch sofort durch die Benennung des Vorhabens: Statt sich unterwürfig zu zeigen, appelliert sie an Elisabeth, sie soll ebenfalls edelmütig sein [Z. 12], was impliziert, dass Elisabeth dies bisher nicht war. In der Folge spricht sie immer wieder Appelle, Vorwürfe und Belehrungen aus, sodass auch ihr zweiter Gnadengesuch (*Sprecht dieses Wort aus. Sagt mir: „Ihr seid frei …"* [Z. 85]) scheitern muss. Elisabeth ihrerseits ist zunächst kühl-distanziert und nur bereit, durch ihr Dasein Trost zu gewähren [Z. 39]; sie möchte die wirkliche Unterwerfung Marias und ein echtes Schuldbekenntnis Marias, was sich darin zeigen würde, dass Maria sich verhöhnen ließe (*Bekennt ihr Euch endlich für überwunden?* [Z. 89] … *Es kostet nichts, die* allgemeine *Schönheit / Zu sein, als die* gemeine *für* alle! [Z. 106 f.]). Doch genau dies ist Maria zuviel, die nun Elisabeth offen als Bastard beleidigt.
2. In der Weimarer Klassik geht man von der Erziehbarkeit des Menschen zum Guten aus. Ziel dabei ist die Ausbildung einer harmonischen Gesamtpersönlichkeit, die sowohl Gefühl als auch Verstand umgreift. „Edel" umschreibt als Adjektiv das Ideal (→ „Das Göttliche" von Goethe: „Edel sie der Mensch / hilfreich und gut!"), das auch hier aufgerufen (*Stolz der edlen Seele* [Z. 3], *edelmütig* [Z. 12], *Großmut* [Z. 40]), aber nicht eingehalten und von den Handelnden in Wahrheit auch nicht angestrebt wird, weshalb der Ausgleich scheitert bzw. scheitern muss.

X. Sturm und Drang

1.1 Typisch für die Literatur der Epoche „Sturm und Drang" sind: Subjektivität der Wahrnehmung (vgl. die Häufung des Pronomens „ich"), die Nähe zur Natur, Kreativität und Schöpferkraft (Werther als Künstler), Intensität der Empfindungen (*die ich mit ganzem Herzen genieße* [Z. 4] vs. *ich gehe darüber zugrunde* [Z. 32 f.]), die Kunstvorstellung (echtes Empfinden der Natur; Kunst als Spiegel der Seele).

1.2 Der Erfolg des „Werthers" ist sicherlich auf mehrere Gründe zurückzuführen. Empfindsame Romane trafen den „Nerv der Zeit". Das Geschehen wirkt real, nicht konstruiert und ist in der damaligen Gegenwart angesiedelt. Dies erleichterte die Identifikation mit der Figur des Werthers und bewirkte eine regelrechte Werther-Euphorie (vgl. auch „Werther-Fieber"). Gleichzeitig weckte das Wissen um die biografischen Hintergründe die Neugier der Leser. Plenzdorf zieht mit seinem Roman Parallelen zwischen der absolutistischen Gesellschaft des 18. Jahrhunderts und der Gesellschaft der DDR; beide Werther-Figuren scheitern an den Moral- und Wertvorstellungen ihrer Zeit.

2.1 **A** einfache Personifikation (ein Morgen kann nicht „süß" schmecken)
B Vergleich
C Übertreibung
D Pleonasmus („Finsternis" ist immer „undurchdringlich")
E Anapher, zugleich parallele Satzkonstruktion (→ Lösung 2.2) und Polysyndeton
F Apostrophe (betonte Anrede)
G Alliteration
H Chiasmus (Überkreuzstellung des Satzbaus), zugleich Kontrast (*Mückchen* [Z. 20] vs. *Allmächtiger* [Z. 22])
I Abweichung vom üblichen Satzbau (bedingt durch den Parallelismus der ganzen Konstruktion)

2.2 Ab Zeile 11 finden sich zunächst zwei durch Punkte abgetrennte Blöcke aneinander gereihter Konditionionalsätze (mit „wenn"). Unterbrochen von der Anrede *Mein Freund* [Z. 32] wird noch einmal ein Konditionalsatz angefügt, bevor schließlich der Hauptsatz (*... dann sehn ich mich oft und denke* [Z. 27 f.]) folgt. Dieser Satzbau dient einerseits dem Spannungsaufbau, andererseits der Steigerung (Klimax).

3.1 Werther fühlt sich durch das innige Naturerleben als ein *größerer Maler* [Z. 10 f.], als er es je gewesen ist. Die Fülle seines Erlebens (bis ins Religiöse gesteigert) gilt ihm dabei als Kriterium für die Künstlerschaft: dies müsste er dem Papier *einhauchen* können [Z. 29]. Paradoxerweise lähmt ihn aber gerade die Tiefe der Empfindung, so dass er *nicht einen Strich* zeichnen kann [Z. 9 f.]. – Wie Sie diese Situation bewerten, ist Ihnen überlassen, wobei Sie natürlich Ihre Ansicht begründen sollten.

3.2 **1.** Das Gedicht drückt stark die Gefühle des lyrischen Ichs aus. Dies zeigt sich bereits durch den vierhebigen Jambus des Anfangs (als Kontrast zu den ersten Versen der 3. Strophe: hier ist der Rhythmus zunächst fallend), der drängend und fast wie ein Herzschlag (*Es schlug mein Herz* [Z. 1]) rhythmisiert – eine Wirkung, die durch die vielen Parataxen und elliptischen Sätze noch unterstützt wird. Das Erleben des Ichs (insbesondere der Nacht) wird dann durch zahlreiche Bilder (Metaphern, Vergleiche, Personifikationen) veranschaulicht. Daneben finden sich noch eine Reihe anderer Stilmittel (Ausrufe, Parallelismen, Übertreibungen, starker Einsatz von Ausrufezeichen u. a.).
2. Das Gedicht ist an das so genannte „Tagelied" angelehnt, welches den Abschied zweier Liebenden nach einer gemeinsam verbrachten Nacht im Morgengrauen (häufig, wie bei Goethe, durch die *Morgensonne* [Z. 25], aber z. B. auch durch Vogelsang angezeigt) zum Thema hat. Verbunden ist mit diesem Abschied stets die Abschiedsklage. Das Tagelied wurde nicht nur im Mittelalter (z. B. von Heinrich von Morungen oder Dietmar von Aist) gepflegt, sondern wird bis in die Moderne immer wieder aufgegriffen (z. B. Paul Celan „Tagelied", Wolf Biermann „Einschlaf- und Aufwachlied" oder Mascha Kaléko „Der nächste Morgen").
3. Hintergrund, vor dem Sie das Gedicht bewerten sollen: Das Gedicht spiegelt ein tatsächliches Erlebnis Goethes mit Friederike Brion wieder. Goethe hatte 1770 die Pastorentochter in dem unweit von Straßburg gelegenen Sesenheim kennen gelernt. Goethe schrieb für Friederike eine Reihe von Gedichten („Willkommen und Abschied" entstand im Januar 1771), die ursprünglich nicht zur Veröffentlichung gedacht waren (sondern als Geschenk für Friedrike), weshalb man davon ausgehen kann, dass sie besonders intensiv und ehrlich die Gefühle wiederspiegeln.

XI. Aufklärung

1.1 Die wesentliche Merkmale der Epoche „Aufklärung" sind: lehrhafter Inhalt des Gedichts (Lehrgedicht mit Elementen einer Fabel); Appell an die Vernunft (formal auch dadurch unterstrichen, dass die Moral als Frage formuliert wird); Kritik am Hof bzw. dem höfischen Leben (im Kontext absolutistischer Machthaber und dem Erstarken des Bürgertums).

1.2 Die Mutter will Emilia einerseits trösten und beruhigen, andererseits aber auch verhindern, dass der Vater und Emilias Verlobter etwas von dem Vorfall erfahren, da sie schwere Vorwürfe ihres Mannes fürchtet (*Ha, du kennst deinen Vater nicht*! [Z. 79]). Sie wirkt dabei mit verdeckten Drohungen (*Dein gutes Gestirn behüte dich vor dieser Erfahrung.* [Z. 118 f.]) und rhetorischen Fragen (*Wozu? Warum*? [Z. 107]) bzw. bestürzten Ausrufen (*Schwachheit! verliebte Schwachheit*! [Z. 127]) auf Emilia ein. Am Szenenende kommt es zur sich steigernden Übertreibung.

1.3 Emilia vertraut ihrer Mutter vollkommen – sie fällt ihr etwa in die Arme und wünscht ihren Rat und *unterwirft sich ihren bessern Einsichten* [Z. 120 f.]. Die Mutter ihrerseits ist für Emilia da und kümmert sich, wenn auch nicht ohne Eigeninteresse, um ihre Tochter.

2.1 Miller fürchtet, dass seine Frau, auch wenn sie noch so gut auf ihre Tochter aufpasst, nicht verhindern kann, dass der Major dem Mädchen den Kopf verdreht (ihr Blut in Wallung bringt, *Blutstropfen* [Z. 34 f.]), sie schwängert (*dem Mädel eins hinsetzen* [Z. 36]) und sie dann verlässt. Die Folge wäre dann, dass das Mädchen entehrt bzw. verrufen ist (*verschimpfiert* [Z. 37]) und entweder keinen Mann mehr findet oder ganz viele (*hat's Handwerk verschmeckt, treibt's fort* [Z. 38 f.]), d. h. im schlimmsten Fall als Prostituierte lebt. – Schiller verwendet hier eine sehr bildhafte Sprache, wie sie einerseits für den Sturm und Drang typisch ist, die es andererseits aber auch ermöglicht, über sexuelle Themen zu sprechen (eine direktere Benennung wäre ein Tabubruch gewesen).

2.2 **A** lat. (tadeln)
B lat. (Lernende)
C franz. (körperliche Vorzüge)
D franz. (Briefchen)
E franz., ursprünglich aber lateinisch (Plural von Präsent, i. S. von Geschenk)
F franz. (verärgern)

2.3 Französisch war seit Anfang des 17. Jahrhundert Renommiersprache in Deutschland; dies galt insbesondere für den nahezu zweisprachigen Adel (Orientierung am Hof und den Sitten Ludwig XIV.; so genannte „Alamodezeit"). Die Dominanz des Französischen steigerte sich im Laufe des 17. Jahrhunderts. Französisch wurde zur Diplomaten- und Verhandlungssprache und die Sprache der besseren Gesellschaft. Nach und nach bediente sich auch das Bürgertum des Französischen, was das Deutsche vor allem im 18. Jahrhundert stark prägte (und bis heute geprägt hat). – Bedingung des Fremdwortgebrauchs ist unter anderem ein Sprachkontakt (in diesem Falle durch die Adligen Frankreichs und Deutschlands). Gründe für die Übernahme liegen in der kulturellen Dominanz der fremden Sprache, wobei es gleichzeitig „Moden" gibt (es war „schick", sich des Französischen zu bedienen, so wie es heute „in" ist, englische Ausdrücke zu verwenden).

2.4 Von einem Lehnwort im engeren Sinn spricht man dann, wenn das übernommene Wort in seiner Flexion, Lautung und Schreibung an den Sprachgebrauch der Nehmersprache angepasst ist. Bei den Fremdwörtern ist diese Anpassung nicht oder in geringerem Maße erfolgt und die fremde Herkunft des Wortes vergleichsweise deutlicher erkennbar. (Beispiel: „chic" = Fremdwort, „schick" = Lehnwort)

2.5 Beispiele für englische Wörter im Deutschen gibt es zahlreiche, sie prägen sowohl die Jugendkultur (z. B. relaxen, chillen, Song, Rock, cool, heavy) und Alltagskultur (Shop, Show, Quiz, Mountainbike, Drive-in) als auch die Technik bzw. Wissenschaft (Computer, downloaden, Receiver, „Handy") oder die Wirtschaft (Business, Holding, Börsen-Crash, Controller). – Die von Leibniz beklagte Sprachvermischung ist der heutigen Situation durchaus verwandt, insbesondere scheint das Englische bei Menschen beliebt zu sein, die es nicht richtig beherrschen (z. B. wenn von „informations" die Rede ist, eine „Controllerin" gesucht oder eine „Cola light" bestellt wird).

3.1 Folgendes sollten Sie beachtet haben: In seinem Gedicht „Der Tanzbär", das fabeltypische Züge besitzt (Nebensatz besser auflösen, *fabelhaft* ist zweideutig), geht es zunächst um ein (Grammatikfehler) Tanzbär, der in den Wald zurückgekehrt ist, um dort mit seinen in der Welt erlernten Tanzkünsten anzugeben, worauf ihm ein alter Bär sagt (zu langes Satzgefüge), dass diese Kunst nur deinen niedren Geist und Sklaverei (falsches Zitat) anzeigt (falscher Modus). Dann wird die Geschichte übertragen. Auch die so genannten „Künste" (kein Zitat) am Hof sind nichts wert (Ausdruck, Stil zu reihend). Das Gedicht endet schließlich mit der Moral (Ausdruck), die als Frage formuliert wird: „Ein großer Hofmann sein, schließt das Lob oder Tadel ein?" (falsches Zitat)

3.2 Wichtig ist hier der Hinweis auf die „konventionelle Situation" moderner junger Frauen. Zwar hat sich die Lage der Frauen seit dem 18. Jahrhundert grundlegend geändert, doch ist, vor allem in bestimmten sozialen Milieus, noch immer ein sehr traditionelles Rollenbild vorhanden, was Sie in Ihrer Darstellung bzw. Argumention beachten sollten.

3.3 **1.** Die Auszüge beider Stücke zeigen ein ganz auf die Vaterfigur ausgerichtetes Familiensystem. Am deutlichsten wird dies in „Emilia Galotti" (*O gesegnet sei die Ungeduld deines Vaters* [Z. 69 f.]): Claudia fürchtet nicht nur die Reaktion des Vaters, sondern auch schwere Vorwürfe, dass sie nicht besser auf Emilia aufgepasst habe. In „Kabale und Liebe" zeigt sich die Sorge Millers um seinen guten Ruf bzw. den Ruf seines Hauses; Miller macht außerdem deutlich, was er von seinem Mädel und ihrem künftigen Mann erwartet (*und verschlägt mir am End einen wackeren ehrbaren Schwiegersohn, der sich so warm in meine Kundschaft hineingesetzt hätte* [Z. 76 ff.]). Sprachlich wird diese Ausrichtung an der männlich dominierten Familienstruktur zum einen in den Gesprächsstrategien der Frauen deutlich: Frau Miller bedient sich einer vorsichtig argumentierenden Strategie; zu Claudia vgl. Lösung 1.2. Zum anderen zeigt sie sich am dominant auftretenden Miller (er schimpft, flucht und ergeht sich in sehr direkten Anspielungen auf die Moral seiner Tochter), der nicht umsonst von seinem Haus und seiner Tochter spricht.
2. Beide Stücke sind der Dramengattung des Bürgerlichen Trauerspiels zuzurechnen, das Lessing in Deutschland mit dem Stück „Miss Sara Simpson" prägte. Typisch für diese Gattung ist die Darstellung des aufkeimenden bürgerlichen Selbstbewusstseins (Miller: *... ja, dem Major will ich weisen, wo Meister Zimmermann das Loch gemacht hat.* [Z. 80 ff.], *... meine Tochter ist zu schlecht zu Dero Herrn Sohnes Frau, aber zu Dero Herrn Sohnes Hure ist meine Tochter zu kostbar, und damit basta! – Ich heiße Miller.* [Z. 112–115]), verbunden mit Kritik am höfischen Verhalten (vgl. z. B. Emilias „Tugendadel" als implizite Kritik an der moralischen Verkommenheit des Prinzen, also des Geburtsadels). Beachten Sie, dass Sie einen zusammenhängenden Text schreiben müssen, der in Einleitung, Hauptteil und Schluss unterteilt ist.

XII. Barock

1.1 **A** Martin Optiz (Paul Heyse, 1830–1914, Haupt des Münchener Dichterkreises, wichtiger Novellen-Theoretiker)
B Christian Hofmann von Hofmannswaldau (August Heinrich Hoffmann von Fallersleben, 1798–1874, Vertreter der politischen Tendenzlyrik im Vormärz)
C Simon Dach (Felix Dahn, 1834–1912, Verfasser des Geschichtsromans „Kampf um Rom")
D Paul Fleming (Ian Fleming, 1908–1964, engl. Schriftsteller, Schöpfer von „James Bond")

1.2 Das Gedicht besteht aus 14 Zeilen, die sich in zwei Quartette mit der Reimfolge abba und zwei Terzette (ccd/eec) einteilen lassen. Das Versmaß ist ein sechshebiger Jambus (*Wir sínd doch núnmehr gántz / ja méhr denn gántz verheéret!* [Z. 1]), der außerdem regelmäßig nach der dritten Hebung eine Zäsur aufweist (→ Alexandriner).

1.3 **A** „Wikipedia" ist im Allgemeinen zuverlässig, doch da jeder an diesem Lexikon mitschreiben kann und die Artikel immer wieder geändert werden, sollte man sehr kritisch lesen und ggf. die Informationen in anderen Quellen überprüfen.
B Als Informationsquelle ist diese Seite weniger geeignet. Es gibt aus der Ergebnisanzeige heraus keine Hinweise: weder weist die Adresse auf eine Institution hin noch ist der angezeigte Text hilfreich.
C Die Adresse verweist auf eine Institution, nämlich die Uni Kiel, weshalb die Informationen zuverlässig sein sollten; allerdings weist sowohl die Adresse (→ „default") als auch der Text auf eine momentane Nichtverfügbarkeit hin.
D Weder verweist die Seite auf eine Institution noch überzeugt der Text (hier ist nur von „Übersicht" die Rede, außerdem: Literatur besteht immer aus „literarischen Elementen"); die Adresse enthält außerdem den Bestandteil „referate".

2.1 Hier durch die Schanz und Stadt rinnt allzeit frisches Blut. Dreimal sind schon sechs Jahr', als unser Ströme Flut, von Leichen fast verstopft, sich langsam fort gedrungen (oder: fortgedrungen). Doch schweig ich noch von dem, was ärger als der Tod, was grimmer denn die Pest und Glut und Hungersnot, dass auch der Seelen Schatz (oder: Seelenschatz) so vielen abgezwungen.

2.2 **A** *gantz / ja mehr denn ganz* [Z. 1]
B z. B. *Das Rathaus ligt im Grauß* [Z. 6]
C z. B. *Die Türme stehn in Glutt / die Kirch ist umgekehret. / Das Rathaus ligt im Grauß / die Starcken sind zerhaun* [Z. 5 f.]
D z. B. *als unser Ströme Flutt / Von Leichen fast verstopftt* [Z. 10 f.]

2.3 Indogermanisch (Frühzeit, zeitlich nicht genau datierbar) – Althochdeutsch (ca. 750–1050) – Mittelhochdeutsch (ca. 1050–1350) – 15. Jh. (= Zeit des Frühneuhochdeutschen) – heutige Sprachform (ab ca. 1650) – Achtung: Die übrigen Sprachbezeichnungen sind „außergermanisch".

3.1 Sie sollten das Gedicht als Sonett mit klassischem Aufbau (Quartette vs. Terzette; → Lösung 1.2) kennzeichnen. Gryphius beschreibt zunächst die Verheerungen durch den Krieg, der nicht nur materielle Auswirkungen hat, sondern auch *Hertz und Geist durchfähret* [Z. 8]. Die zentrale Aussage besteht in der Feststellung, dass so vielen auch der *Seelen Schatz* [...] *abgezwungen*

[Z. 14] wurde, d.h. dass sie zwangsbekehrt (rekatholisiert) worden sind. Dies ist für den protestantischen Gryphius schlimmer als der Tod und ein 18-jähriges Kriegswüten. Bei Ihrer Analyse ist es wichtig, die strukturellen Besonderheiten des Gedichtes mit der inhaltlichen Position Gryphius' zu verbinden und in einen übergeordneten Kontext zur Epoche des Barocks zu stellen. Achten Sie auf eine Gliederung in Einleitung, Hauptteil, Schluss.

3.2 **1.** Ihre Analyse sollte eine kurze Beschreibung des Inhalts der beiden Gedichte enthalten. Bei der Analyse der Form können Sie sich auf auffällige Gemeinsamkeiten (jeweils Sonett, inhaltliche Zweiteilung; gemeinsame Motiv- und Bildbereiche: Abend, Fahrt, Tod und Verfall) und Unterschiede (Reimschema, Vermaß, Motiv- und Bildbereiche: Motiv des Herbstes bei Trakl, Motiv der *Rennebahn* [Z. 8]/des *Laufplatzes* [Z. 9] bei Gryphius) beschränken.
2. Das Gedicht von Gryphius weist eine geschlossene äußere Form auf (klassisches Sonett, stets reine Reime, regelmäßiger sechshebiger Jambus/Alexandriner), während im Gedicht von Trakl nicht nur die Reimanordnung variert (efe/fef statt ccd/eed wie bei Gryphius), sondern auch das Versmaß und der Rhythmus freier gehandhabt wird (ohne dass das Gedicht dadurch allerdings unruhig wird). Inhaltlich führt das Gedicht von Gryphius über die Abendwahrnehmung zur Wahrnehmung des Lebensendes (Quartette 1 und 2), um dann in einer Anrufung Gottes mit der Bitte um die Errettung aus dem *Tal der Finsternis* [Z. 14] zu enden. Bei Trakl steht ebenfalls die Abendwahrnehmung am Anfang (Quartett 1), die aber in einen Wunschtraum des lyrischen Ichs überleitet (Quartett 2), aus dem der Sprecher durch die Herbstzeichen (Verfall der Natur) gleichsam geweckt (Terzett 1) und an den Tod erinnert wird.
3. Im Gryphius-Gedicht werden mit dem Tod und der Vergänglichkeit typische Barock-Motive aufgegriffen, denen aber – ebenfalls zeittypisch – das Vertrauen in Gott und die Ordnung (wie sie sich auch formal im Gryphius-Gedicht widerspiegelt) entgegengesetzt wird (salopp gesagt hat das Gryphius-Gedicht ein positives Ende). Genau dies ist im Expressionismus nicht mehr der Fall: Auch im Expressionismus sind Tod und Vergänglichkeit wichtige Motive, doch sind sie durch Existenzängste und der Vorstellung von der Sinnlosigkeit des menschlichen Daseins getragen (entsprechend negativ endet das Trakl-Gedicht). Beachten Sie, dass Sie einen zusammenhängenden Text schreiben müssen, der in Einleitung, Hauptteil und Schluss unterteilt ist.

XIII. Mittelalter

1.1 Bedeutende deutsche Dichter des Mittelalters: Gottfried von Straßburg („Tristan", in seinem Versepos beschreibt er die Kluft zwischen Liebe und höfischer Konventionen), Wolfram von Eschenbach („Parzival", gilt als wichtigstes episches Werk des Mittelalters, thematisiert die Suche nach dem „heiligen Gral"), Hartman von Aue („Erec", „Iwein", thematisieren die Artussage), Walther von der Vogelweide (bedeutendster deutscher Minnelyriker); bekanntestes Werk des Mittelalters: Nibelungenlied (zu Beginn des 13. Jahrhunderts entstandenes Heldenepos, Verfasser unbekannt)

1.2 Prosaerzählung von mittlerem Umfang, in welcher der Mensch mit einem schicksalhaften Ereignis konfrontiert wird (nach Goethe „eine sich ereignete unerhörte Begebenheit"). Die Novelle verläuft geradlinig, d.h. straffer Handlungsverlauf, auf einen Höhepunkt hin erzählt, und weist eine geschlossene Form auf, die oft durch ein Leitmotiv oder ein Dingsymbol strukturiert ist. Die Novelle weist in ihrem Bau Ähnlichkeiten mit dem Drama auf (vor allem gibt es einen Höhe- bzw. Wendepunkt und einen Abfall der Handlung).

1.3 **A** Heinrich steht einerseits als Lehrer über dem Knaben, von seiner Geburt her aber unter ihm (dessen Vater ist der *überaus mächtige Herzog von Schwaben* [Z. 21 f.]). Da der Knabe sein Schutzbefohlener ist und gleichzeitig von der Geburt her über Heinrich steht, muss er ihn gegen den Truchsess verteidigen
B Der Truchsess steht seiner Herkunft nach weit unter dem Herzogssohn. Da er aber gleichzeitig im direkten Auftrag des Kaisers handelt, der seinerseits über dem Herzogssohn steht, kann und darf er die Verfehlung des Kindes nicht unbestraft lassen
C Ergibt sich aus A und B; zugleich steht Heinrich seiner Herkunft nach über Truchsess

1.4 Münkler stellt unter anderem die These auf, dass kaum etwas so hohe *Aufmerksamkeitsprämien* [Z. 44] erhält wie Gewalt. Daraus kann man schließen, dass auch Gewaltdarstellungen höhere „Prämien" bekommen als etwa reine Sachinformationen. Wer also Gewalt anschaulich macht (auch durch eine literarische Schilderung) darf sich des Interesses der Leser relativ sicher sein. Münkler behauptet ferner, dass zwischen dem Maß der Gewalt und der durch sie zu erreichenden Aufmerksamkeit einerseits und der Gewöhnung an Gewalt in der Gesellschaft andererseits ein umgekehrt proportionales Verhältnis besteht, d.h. dass man um die gleiche Aufmerksamkeit zu erzielen, in gewaltgewöhnten Gesellschaften sehr viel drastischere Gewalt anwenden muss als in gewaltarmen Gesellschaften. Da Konrads Schilderung durchaus drastisch ist (Kindesmisshandlung, brutaler Mord) kann daraus geschlossen werden, dass die mittelalterliche Gesellschaft nicht gewaltarm war.

2.1 Die Versnovelle ist in Paarreimen abgefasst, so dass das passende Reimwort jeweils in der nächsten Zeile nachfolgen muss. Da aber ein Satzende nie mit einem abgeschlossenen Reimpaar zusammenfällt, will der Leser entweder wissen, wie ein Satz weitergeht oder wie der passende Reim lautet, sodass er die Novelle eigentlich ohne Unterbrechung bis zum Ende lesen müsste.

2.2 Die Sprache des Textes weist überwiegend die für Sachtexte erwartbaren Merkmale (insbesondere sachliche Sprache, überwiegend hypotaktischer Satzbau, Nominalstil) auf, besitzt aber keinerlei stilistische Brillanz, wie dies in Essays häufig der Fall ist, sondern ist im Gegenteil durch die sich wiederholenden Satzbaumuster (z.B. mehrfach *Je ... desto/umso*) sogar langweilig. Außerdem weist der Text eine ganze Reihe sperriger Komposita auf (z.B. Aufmerksamkeitserzielung, Inszenierungsmodelle), von denen manche nur bloße Worthülsen sind (z.B. *den zu erzielenden Aufmerksamkeits<u>effekt</u> abschwächen* [Z. 133] statt etwa „die angestrebte Aufmerksamkeit abschwächen").

3.1 (→ Motivation Heinrichs, Lösung 1.3.) In Ihrem inneren Monolog sollte auch die Gefühlslage Heinrichs deutlich werden. Beachten Sie, dass der Herzogsohn noch ein kleines Kind ist. Sie sollten auch seine anschließende kritische Reflexion über die Heftigkeit dieser Reaktion und die damit verbunden Folgen einbauen.

3.2 In Erörterungen ohne Textvorlage ist es besonders wichtig, dass Sie Ihren Aufsatz nachvollziehbar gliedern, d.h. dass Sie auch genau überlegen müssen, wie das Thema mit seinen Teilaspekten nach deren jeweiliger Bedeutung strukturiert ist. Grundsätzlich unterscheiden sich Erörterungen ohne Textvorlage nicht von den freien Erörterungen, die Sie aus der Sekundarstufe I kennen; allerdings ist das Thema komplexer bzw. muss umfassender erarbeitet werden. Im Falle der Jugendschutzbestimmungen müssen Sie auch Fragen wie die folgenden mit bedenken (was noch nicht heißt, dass Sie alle auch beantworten müssen): Wie stark schränkt der Staat durch Gesetze die Freiheit seiner Bürger ein? Nehmen Gesetze Eltern oder Verwandte und Bekannte aus der Verantwortung? Welche gesellschaftliche Anerkennung müssen Gesetze haben? Wie geht die Gesellschaft mit Gewaltdarstellungen (wie sie z.B. im Fernsehen bereits im Vorabendprogramm zu sehen sind) um? Wie werden die Bestimmungen kontrolliert? Wie bestraft? Welche Faktoren tragen ebenfalls zu gewalttätigen Verhalten bei?

2.1 Ordnen Sie die nachfolgenden (Teil-)Sätze nach der Verwendungsweise des Wörtchens „so" den vier genannten sprachlichen Formen zu (drei Gruppen mit drei Beispielen, eine Gruppe mit einem Beispiel) und beschreiben Sie die Verwendung des Wortes „so" in den einzelnen sprachlichen Formen. AfB III

Ja, Mama, so bin ich. [Z. 23 f.] – *Ich sah das so recht …* [Z. 18] – *… so werdet ihr eine Musterehe führen.* [Z. 61 f.] – *Das sind so Vorstellungen.* [Z. 38 f.] – *… wenn er in der Ehe so bleibt …* [Z. 61] – *… ich hatte es mir so schön und poetisch gedacht …* [Z. 34 f.] – *… so lacht man über dergleichen.* [Z. 29] – *Und er schreibt doch immer so heiter …* [Z. 49 f.] – *… So müsst es ein japanischer Bettschirm …* [Z. 6] – *Sagst du das so bloß aus Übermut und Laune?* [Z. 81]

Sprachliche Form	Beispiele
konditionale Konjunktion	
attributive Funktion	
Artikelwort (Indefinitivpronomen)	
rückverweisendes Pronomen	

2.2 Die Sprache Fontanes weicht in einigen Merkmalen von der heutigen mündlichen Standardsprache ab. Nennen Sie abweichende Merkmale verschiedener Sprachebenen. AfB I

3.1 Gestalten Sie auf der Grundlage des Textes von Edda Ziegler eine Folie, wie Sie sie in einem Referat über „Effi Briest" zum Aspekt der Rolle der Frau verwenden könnten. Sie können auch direkt auf einer Overhead-Folie arbeiten. AfB II

Folie:

3.2 Gestaltendes Erschließen eines literarischen Textes (Epik): Gestaltende Interpretation

1. Beschreiben Sie aufgrund des vorliegenden Textauszuges die Situation von Effi.
2. Gestalten Sie einen Brief an Effi, in dem Sie sich als guter Freund / gute Freundin zur anstehenden Heirat äußern.
3. Erläutern Sie die Wahl der gestalterischen Mittel Ihres Briefes.

3.3 Untersuchendes Erschließen eines literarischen Textes (Epik): Textinterpretation

1. Analysieren Sie den vorliegenden Textauszug aus „Effi Briest".
2. Stellen Sie dar, welches Ziel Effis Mutter in dem Gespräch verfolgt, und beurteilen Sie ihren Erfolg.
3. Beschreiben Sie Effis Vorstellungen von ihrer Rolle als Ehefrau und bewerten Sie diese vor dem Zeithintergrund des Romans. Welche Rückschlüsse auf die künftige Ehe lassen sich ziehen.

Lösungen: LH S. 6

VII. Biedermeier und Vormärz

Heinrich Heine

Deutschland. Ein Wintermärchen

CAPUT I

Im traurigen Monat November wars,
Die Tage wurden trüber,
Der Wind riss von den Bäumen das Laub,
Da reist ich nach Deutschland hinüber.

Und als ich an die Grenze kam,
Da fühlt ich ein stärkeres Klopfen
In meiner Brust, ich glaube sogar
Die Augen begunnen zu tropfen.

Und als ich die deutsche Sprache vernahm,
Da ward mir seltam zu Mute;
Ich meinte nicht anders, als ob das Herz
Recht angenehm verblute.

Ein kleines Harfenmädchen sang.
Sie sang mit wahrem Gefühle
Und falscher Stimme, doch ward ich sehr
Gerühret von ihrem Spiele.

Sie sang von Liebe und Liebesgram,
Aufopfrung und Wiederfinden
Dort oben, in jener besseren Welt,
Wo alle Leiden schwinden.

Sie sang vom irdischen Jammertal,
Von Freuden, die bald zerronnen,
Vom Jenseits, wo die Seele schwelgt
Verklärt in ewgen Wonnen.

Sie sang das alte Entsagungslied,
Das Eiapopeia vom Himmel,
Womit man einlullt, wenn es greint,
Das Volk, den großen Lümmel.

Ich kenne die Weise, ich kenne den Text,
Ich kenn auch die Herren Verfasser;
Ich weiß, sie tranken heimlich Wein
Und predigten öffentlich Wasser.

Ein neues Lied, ein bessres Lied,
O Freunde, will ich euch dichten!
Wir wollen hier auf Erden schon
Das Himmelreich errichten.

Wir wollen auf Erden glücklich sein,
Und wollen nicht mehr darben;
Verschlemmen soll nicht der faule Bauch,
Was fleißige Hände erwarben.

Es wächst hienieden Brot genug
Für alle Menschenkinder,
Auch Rosen und Myrten, Schönheit und Lust,
Und Zuckererbsen nicht minder.

Ja, Zuckererbsen für jedermann,
Sobald die Schoten platzen!
Den Himmel überlassen wir
Den Engeln und den Spatzen.

Und wachsen uns Flügel nach dem Tod,
So wollen wir euch besuchen
Dort oben, und wir, wir essen mit euch
Die seligsten Torten und Kuchen.

Ein neues Lied, ein bessres Lied!
Es klingt wie Flöten und Geigen!
Das Miserere ist vorbei,
Die Sterbeglocken schweigen. […]

(*1844*)

Adalbert Stifter

Vorrede zu „Bunte Steine"[1]

Es ist einmal gegen mich bemerkt worden, dass ich nur das Kleine bilde, und dass meine Menschen stets gewöhnliche Menschen seien. Wenn das wahr ist, bin ich heute in der Lage, den Lesern ein noch Kleineres und Unbedeutenderes anzubieten, nämlich allerlei Spielereien für junge Herzen. Es soll sogar in denselben nicht einmal Tugend und Sitte gepredigt werden, wie es gebräuchlich ist, sondern sie sollen nur durch das wirken, was sie sind. Wenn etwas Edles und Gutes in mir ist, so wird es von selber in meinen Schriften liegen; wenn aber dasselbe nicht in meinem Gemüte ist, so werde ich mich vergeblich bemühen, Hohes und Schönes darzustellen, es wird doch immer das Niedrige und Unedle durchscheinen. Großes oder Kleines zu bilden, hatte ich bei meinen Schriften überhaupt nie im Sinne, ich wurde von ganz anderen Gesetzen geleitet. Die Kunst ist mir ein so Hohes und Erhabenes, sie ist mir, wie ich schon einmal an

einem anderen Ort gesagt habe, nach der Religion das Höchste auf Erden, so dass ich meine Schriften nie für Dichtungen gehalten habe, noch mich je vermessen werde, sie für Dichtungen zu halten. Dichter gibt es sehr wenige auf der Welt, sie sind die hohen Priester, sie sind die Wohltäter des menschlichen Geschlechtes; falsche Propheten aber gibt es sehr viele. Allein wenn auch nicht jede gesprochenen Worte Dichtung sein können, so könnten sie doch etwas anderes sein, dem nicht alle Berechtigung des Daseins abgeht. Gleichgestimmten Freunden eine vergnügte Stunde zu machen, ihnen allen, bekannten wie unbekannten, einen Gruß zu schicken, und ein Körnlein Gutes zu dem Baue des Ewigen beizutragen, das war die Absicht bei meinen Schriften und wird auch die Absicht bleiben. Ich wäre sehr glücklich, wenn ich mit Gewissheit wüsste, dass ich nur diese Absicht erreicht hätte. Weil wir aber schon einmal von dem Großen und Kleinen reden, so will ich meine Ansichten darlegen, die wahrscheinlich von denen vieler Menschen abweichen. Das Wehen der Luft, das Rieseln des Wassers, das Wachsen der Getreide, das Wogen des Meeres, das Grünen der Erde, das Glänzen des Himmels, das Schimmern der Gestirne halte ich für groß: das prächtig einherziehende Gewitter, den Blitz, welcher Häuser spaltet, den Sturm, der die Brandung treibt, den feuerspeienden Berg, das Erdbeben, welches Länder verschüttet, halte ich nicht für größer als obige Erscheinungen, ja ich halte sie für kleiner, weil sie nur Wirkungen viel höherer Gesetze sind. Sie kommen auf einzelnen Stellen vor, und sind die Ergebnisse einseitiger Ursachen. Die Kraft, welche die Milch im Töpfchen der armen Frau emporschwellen und übergehen macht, ist es auch, die die Lava in dem feuerspeienden Berge emportreibt, und auf den Flächen der Berge hinabgleiten lässt. Nur augenfälliger sind diese Erscheinungen, und reißen den Blick des Unkundigen und Unaufmerksamen mehr an sich, während der Geisteszug des Forschers vorzüglich auf das Ganze und Allgemeine geht, und nur in ihm allein Großartigkeit zu erkennen vermag, weil es allein das Welterhaltende ist. [...]
So wie es in der äußeren Natur ist, so ist es auch in der inneren, in der des menschlichen Geschlechtes. Ein ganzes Leben voll Gerechtigkeit, Einfachheit, Bezwingung seiner selbst, Verstandesmäßigkeit, Wirksamkeit in seinem Kreise, Bewunderung des Schönen verbunden mit einem heiteren gelassenen Streben, halte ich für groß: mächtige Bewegungen des Gemütes, furchtbar einherrollenden Zorn, die Begier nach Rache, den entzündeten Geist, der nach Tätigkeit strebt, umreißt, ändert, zerstört und in der Erregung oft das eigene Leben hinwirft, halte ich nicht für größer, sondern für kleiner, da diese Dinge so gut nur Hervorbringungen einzelner und einseitiger Kräfte sind wie Stürme feuerspeiende Berge, Erdbeben. Wir wollen das sanfte Gesetz zu erblicken suchen, wodurch das menschliche Geschlecht geleitet wird. [...] Es ist das Gesetz dieser Kräfte, das Gesetz der Gerechtigkeit, das Gesetz der Sitte, das Gesetz, das will, dass jeder geachtet geehrt ungefährdet neben dem anderen bestehe, dass er seine höhere menschliche Laufbahn gehen könne, sich Liebe und Bewunderung seiner Mitmenschen erwerbe, dass er als Kleinod gehütet werde, wie jeder Mensch ein Kleinod für alle anderen Menschen ist. Dieses Gesetz liegt überall, wo Menschen wohnen, und es zeigt sich, wenn Menschen gegen Menschen wirken. Es liegt in der Liebe der Ehegatten zueinander, in der Liebe der Eltern zu den Kindern, der Kinder zu den Eltern, in der Liebe der Geschwister, der Freunde zueinander, in der süßen Neigung beider Geschlechter, in der Arbeitsamkeit, wodurch wir erhalten werden, in der Tätigkeit, wodurch man für seinen Kreis, für die Ferne, für die Menschheit wirkt, und endlich in der Ordnung und Gestalt, womit ganze Gesellschaften und Staaten ihr Dasein umgeben, und zum Abschlusse bringen. [...]
So ist dieses Gesetz, so wie das der Natur das welterhaltende ist, das menschenerhaltende.

(1853)

[1] *Titel einer 1858 erschienenen Erzähltextsammlung*

1.1 Stellen Sie Inhalt und Bewertung der beiden Lieder am Anfang des Versepos von Heine stichwortartig dar. AfB I

altes Lied	neues Lied

altes Lied	neues Lied

1.2 Stellen Sie dar, was mit den beiden Bezeichnung „Vormärz" und „Junges Deutschland" jeweils gemeint ist. AfB I

„Vormärz"

„Junges Deutschland"

1.3 Neben Heinrich Heine ist Georg Büchner der bedeutendste Schriftsteller der Vormärz-Zeit. Nennen Sie eines seiner Werke und benennen Sie kurz dessen Inhalt bzw. Bedeutung. AfB I

1.4 Nennen Sie wichtige Merkmale und Themen, welche die Literatur des Biedermeier kennzeichnen. AfB I

2.1 Beschreiben Sie den Strophenaufbau, dem Heines Versepos (teilweise variiert) folgt. AfB I

Lösungen: LH S. 7

2.2 Erläutern Sie, weshalb Stifter vor „und" an Stelle (1) ein Komma setzt, an Stelle (2) jedoch nicht. AfB II

Gleichgestimmten Freunden eine vergnügte Stunde zu machen, ihnen allen, bekannten wie unbekannten, einen Gruß zu schicken, (1) und ein Körnlein Gutes zu dem Baue des Ewigen beizutragen, das war die Absicht bei meinen Schriften (2) und wird auch die Absicht bleiben. [Z. 29–34]

3.1 Nehmen Sie zu Heines Religionsauffassung Stellung, wie sie sich in dem Textauszug aus dem „Wintermärchen" zeigt. AfB III

3.2 Untersuchendes Erschließen eines pragmatischen Textes (Vorrede): Textanalyse

1. Analysieren Sie die Vorrede zu „Bunte Steine" von Adalbert Stifter und stellen Sie die rhetorische Strategie dar, mit der sich Stifter gegen den nicht namentlichen benannten Kritiker (es war Friedrich Hebbel) und zugleich an seine Leser wendet.
2. Fassen Sie zusammen, wie Stifter aus seinem Verständnis des Großen und Kleinen in der Natur das „sanfte Gesetz" entwickelt.
3. Formulieren Sie das „sanfte Gesetz" in Ihren eigenen Worten und nehmen Sie Stellung dazu.

Lösungen: LH S. 7

VIII. Romantik

Joseph von Eichendorff
Sehnsucht

Es schienen so golden die Sterne,
Am Fenster ich einsam stand
Und hörte aus weiter Ferne
Ein Posthorn im stillen Land.
Das Herz mir im Leib entbrennte,
Da hab' ich mir heimlich gedacht:
Ach, wer da mitreisen könnte
In der prächtigen Sommernacht!

Zwei junge Gesellen gingen
Vorüber am Bergeshang,
Ich hörte im Wandern sie singen
Die stille Gegend entlang:
Von schwindelnden Felsenschlüften,
Wo die Wälder rauschen so sacht,
Von Quellen, die von den Klüften
Sich stürzen in die Waldesnacht.

Sie sangen von Marmorbildern,
Von Gärten, die überm Gestein
In dämmernden Lauben verwildern,
Palästen im Mondenschein,
Wo die Mädchen am Fenster lauschen,
Wann der Lauten Klang erwacht
Und die Brunnen verschlafen rauschen
In der prächtigen Sommernacht. –

(*1834*)

Joseph von Eichendorff
Mondnacht

Es war, als hätt' der Himmel
Die Erde still geküsst,
Dass sie im Blütenschimmer
Von ihm nur träumen müsst'.

Die Luft ging durch die Felder,
Die Ähren wogten sacht,
Es rauschten leis die Wälder,
So sternklar war die Nacht.

Und meine Seele spannte
Weit ihre Flügel aus,
Flog durch die stillen Lande,
Als flöge sie nach Haus.

(*1837*)

Ulrich Eckhardt
Von der Erschöpfung der Musik

„Mit Musik geht alles besser" – Schlagerweisheit: Die flüchtigste aller Künste, die mit der Verwandlung von Materie zu Klang befasst ist, muss für allerhand herhalten; Staat und Kirche, Repräsentation, Propaganda, reaktionär oder fortschrittlich, touristische Verschönerung, Produktionssteigerung bei Mensch und Tier, Dekoration, Illustration echter und falscher Gefühle, Begleitung von Hochzeit und Tod, Aufmärsche, Demonstrationen, Werbung und Geldverdienen.
Dreihunderttausend Fans fanden sich ein, als die Rockoper „The Wall" von Pink Floyd in ohrenbetäubender Lautstärke am Potsdamer Platz, am geschichtsträchtigen Ort zu geschichtsträchtiger Zeit als folgenloses hohles Spektakel aufgeführt wurde. […]
Wenn José Carreras vor zehntausend Besuchern im Juli 1992 auf dem Gendarmenmarkt singt, so ist seine Stimmgewalt nur noch das Resultat von Technik, geliefert durch eine riesige Lautsprecheranlage. Ein Fest mit Pavarotti um Pfingsten in Salzburg und Berlin vor neuntausend bzw. fünfzehntausend Hörern mit Wunschkonzertprogramm aus italienischem Repertoire für Eintrittspreise von 60 bis 600 DM, mit anschließendem Gala-Diner für weitere 600 DM, wird von einem internationalen Festspielservice angeboten. Die jährlich 55 Millionen Touristen in Prag werden mit Musikfestivals gefüttert, dem Prager Frühling, Prager Juni, Prager Herbst und Prager Winter.
Die Expansion, oder besser: die Überdehnung des Musikbetriebs bereitet Sorgen, weil sie Antriebskräfte, Quellen und Wurzeln verschüttet, aus denen sich Musik speist. Die Sinnleere wird geschmückt, Zeit vertrieben, Wahrnehmung von Ort und Zeit

betäubt, Sensation erstrebt, kulturelles Erbe gestikulierend verschlissen. Anstrengungsloser Konsum tritt an die Stelle metaphorischer Weltaneignung, ersetzt das Nachfragen und Nachdenken, verhindert die Benennung aktueller Fragen mit Hilfe musikalischer Prozesse. Dadurch kommt ein Mechanismus in Gang, dem der Verfall zivilisierter Verkehrsformen zwischen Individuen und Gruppen folgen wird. Der utopische Anspruch von Musik wird aufgegeben, ihre visionäre Kraft geht verloren, ihr Beitrag zur Schärfung kritischer Wahrnehmungsfähigkeit und zur Schaffung von Gegenwelten im Widerstand gegen die herrschenden Verhältnisse verkümmert.

Muzak[1] statt Musik: Industriell gefertigte Musik versorgt die ganze Welt mit Tonbändern, auf denen jene sanft beruhigenden oder erregenden Klänge gespeichert sind, die tägliche Verrichtungen, Einkaufen im Kaufhaus, Essen im Restaurant, das Fliegen, das Warten in Flughäfen begleiten. Unmerklich schädigt diese „Musik" das Bewusstsein, sie führt zu Nervosität, sie macht aggressiv und krank. [...]

Die Schallplatte reißt die Musik aus den Bedingungen ihrer Entstehung, aus ihrem eigentlichen Wert als humaner Kulturtechnik. Entwurzelte Musik wird zur Konsumware. Der Hörer konsumiert diese Ware zur Zerstreuung. Die technischen Mittel ihrer Herstellung schließen störende äußere Einflüsse aus. Der Hörer nimmt die glatte, kalte Perfektion zum Maßstab und wird enttäuscht sein, wenn er in der lebendigen Herstellung von Musik diese Perfektion nicht wiederfindet, die im Studio durch zahllose technische Einzelschritte entstanden ist. Interpretation wird verengt auf Nachahmung gespeicherter Standards. Durch die Tonträger ist heute Musik aller Zeiten und aller Gesellschaften, herausgelöst aus ihren Zusammenhängen, jederzeit verfügbar und zugänglich. Diese scheinbare Aktualisierung von Musik führt zu ihrer Demontage als Teil der gesellschaftlichen Wirklichkeit.

„Kunst erweitern? Nein. Sondern geh' mit der Kunst in Deine allereigenste Enge. Und setze Dich frei." (Paul Celan, „Der Meridian")

Musik muss ihre Kraft zum Widerspruch zurückgewinnen, und die Ansätze dazu sind vorhanden. Musik soll zur Wahrnehmung der Zeit und der Stille führen innerhalb der lärmenden Geschäftigkeit, die den Menschen umgibt. Die Naturgeräusche sind seit langem, vor allem in den Städten, fast unhörbar geworden durch die ständige Überlagerung vom Zivilisationslärm, vom Geräuschmüll der Motoren. Was bedeutet hörphysiologisch die allgemeine Anhebung des Geräuschpegels? Musik kommt aus der Stille und kehrt in sie zurück. Den Rang einer musikalischen Interpretation bestimmt auch ihre Bewältigung komponierter Stille, etwa in Pausen, zwischen Sätzen und nach dem Schluss. Das Einschwingen, das Innehalten und Ausschwingen stehen in Konkordanz mit der menschlichen Atmung. Besonders die Musik des 20. Jahrhunderts nimmt die Stille, die Verlangsamung und den angehaltenen Zustand in die musikalische Konstruktion hinein.

John Cage[2] schrieb „Silence" als Programm. „Der Sound ist überall. Die Stille ist deshalb ganz einfach der Klang, den wir nicht planen können. Die Stille haben wir im Sinn." Er komponiert 1952 das Werk „4.33", ein Schweigen in drei Sätzen, ein Werk mit stummen Noten, um die Stille hörbar zu machen. [...]

Alexander Skrjabin[3]: „Ist euch nicht, als könnte Musik die Zeit anhalten? Ist das nicht, als dauerte es einhunderttausend Jahre, ewig?" Das schrieb er als Kommentar zu einem seiner letzten Werke, nur aus wenigen in sich kreisenden Takten bestehend, zeitlose Musik ohne Anfang und Ende.

Zum Vorschein kommt die menschliche Aufgabe der Musik, die Beschleunigung des alltäglichen Lebens zu bremsen, der flüchtigen Lebensweise in der Konsumgesellschaft entgegenzuwirken.

In der Wiederholung als Element der Komposition gibt Musik die Ahnung der Unendlichkeit. Mit offenen Augen hört der Empfänger, um zu sehen, wie Musik aus dem Material entsteht. Die Sinne werden geschärft. Musik hält Instrumente bereit, um dem Chaos aus Sinnentleerung und Langeweile zu entfliehen, um durch die Übung der Wahrnehmung den Bezug zur Realität wiederherzustellen, den Anforderungen des Wandels gegenüber zu bestehen, durch Kontemplation und Kommunikation ein Weltbild zu imaginieren. Musik vermag hellhörig zu machen für das, was in der Welt vor sich geht.

„In Tönen denkt die Welt." (Alfred Döblin in den „Gesprächen mit Kalypso")

(1994)

[1] Bezeichnung für Hintergrund- oder auch Fahrstuhlmusik
[2] John Cage (1912–1992) US-amerikan. Komponist
[3] Alexander Skrjabin (1871–1915) russ. Pianist und Komponist

1.1 Ordnen Sie folgende Aussagen über die Zeit der Romantik und ihrer Dichter ein? Kreuzen Sie die richtigen Aussagen an. AfB I

		richtig	falsch
A	Die Epoche der Romantik wird in Deutschland in eine Frühromantik (= Heidelberger Romantik) und eine Spätromantik (= Jenaer Romantik) eingeteilt.	☐	☐
B	In der Romantik wird das Märchen wichtige literarische Form (vgl. Brüder Grimm), viele Kunstmärchen entstehen.	☐	☐
C	Die Suche des mittelalterlichen Minnesängers nach einer „blauen Blume" (vgl. „Heinrich von Ofterdingen" von Novalis) wird zum zentralen Bild bzw. Symbol für die Romantik.	☐	☐
D	Der Begriff „Romantik" leitet sich vom altfranzösischen Wort „romanz" ab, was „in der Volkssprache" bedeutet (als Gegensatz zum Lateinischen).	☐	☐
E	Neben Eichendorff und Novalis zählen auch E.T.A. Hoffmann, Clemens Brentano und Johann Wolfgang von Goethe zu den wichtigsten Autoren der Epoche.	☐	☐
F	Das Fragment ist eine neue Kunstform, die in der Romantik entsteht, um auf die Zerrissenheit der Wirklichkeit anzuspielen.	☐	☐

1.2 Das Gedicht „Sehnsucht" ist ursprünglich Teil des Romans „Dichter und ihre Gesellen". Erläutern Sie, warum die Vermischung von Lyrik und Epik typisch für das Schreiben in der Romantik ist. AfB II

____

____

____

____

____

2.1 Bestimmen Sie den Modus der folgenden Verbformen aus dem Gedicht „Mondnacht". Deuten Sie Ihre Ergebnisse inhaltlich. AfB II

	Modus
A *hätt' geküsst*	
B *müsst' träumen*	
C *ging, wogten, rauschten, war, spannte, flog*	
D *flöge*	

Deutung:

____

____

____

____

____

2.2 Bestimmen Sie die den Adverbialsatz *Dass sie im Blütenschimmer / Von ihm nur träumen müsst'.* [Z. 3 f.] aus dem Gedicht „Mondnacht". AfB II

____

____

____

3.1 Beurteilen Sie den folgenden Schreibplan eines Schülers für einen Interpretationsaufsatz zum Gedicht „Sehnsucht" sowohl inhaltlich als auch mit Blick auf den Aufbau. Machen Sie dort, wo Sie Kritik üben, Verbesserungsvorschläge. Diskutieren Sie diesen Schreibplan in Ihrer Klasse oder fertigen Sie eine Überarbeitung in Ihrem Hefter an. AfB III

Einleitung	Autor, Titel nennen → Titel = Thema
Hauptteil	- inhaltliche Zusammenfassung (lyrisches Ich am Fenster, Fernweh, Gesang der Wanderer, ihr „Lied" von den „Mädchen", die auch am Fenster stehen) - formale Beschreibung (drei achtzeilige Strophen mit Kreuzreimen) - auffällige Merkmale: Strophe 1 und 3 schließen mit demselben Vers; lyrisches Ich und die Mädchen stehen am Fenster = spiegelbildliche Situation → Sehnsucht wird verstärkt; lyrisches Ich ist einsam vs. „<u>zwei</u> Gesellen", „Mädchen lausch<u>en</u>" = entgegengesetzte Situation → Sehnsucht wird verstärkt; lyrisches Ich steht, die Wanderer und die Natur sind in Bewegung → lyrisches Ich müsste in Bewegung kommen, um seine Sehnsucht zu erfüllen - Deutung: lyrisches Ich befindet sich in einer Grenzsituation zwischen Reisen und Bleiben, Sehnsucht und der Erfüllung von Träumen (Symbol des Fensters!), ist aber noch zu statisch (typisch für die Romantik!!)
Schluss	typisches Romantik-Gedicht; zeigt, dass man etwas tun muss, um seine Träume zu verwirklichen

3.2 Gestalten Sie einen Schreibplan, wie Sie ihn für einen Interpretationsaufsatz zum Gedicht „Mondnacht" benötigten. Legen Sie diesen in Ihrem Hefter an. AfB III

3.3 Gestaltendes Erschließen eines pragmatischen Textes (Essay): Adressatenbezogenes Schreiben

Ihr Musiklehrer, zu dem Sie ein gutes Verhältnis haben, glaubt, dass Sie zu gedankenlos Musik hören, und hat Ihnen am letzten Schultag vor den Ferien den Essay von Ulrich Eckhardt zur Lektüre empfohlen.
Vor diesem Hintergrund bearbeiten Sie bitte folgende Aufgaben:

1. Stellen Sie die wesentlichen inhaltlichen Gesichtspunkte des Essays von Ulrich Eckhardt dar.
2. Gestalten Sie an Ihren Musiklehrer einen Brief, in dem Sie kritisch Stellung zum Text von Eckhardt beziehen.
3. Erläutern Sie ihre Argumentationsstrategie und ggf. wesentliche gestalterische Gesichtspunkte.

Lösungen: LH S. 7 f.

IX. Klassik

Friedrich Schiller

Maria Stuart

Maria Stuart, Königin von Schottland, erhebt Ansprüche auf den englischen Thron, da die Königin von England, Elisabeth, aus katholischer Sicht ein illegitimes Kind von Heinrich VIII. und Anna Boleyn war (der Papst hatte Heinrich die Zustimmung zur Scheidung und damit zur Heirat mit Anna verweigert). Weil Maria einen Anschlag auf Elisabeth geplant hatte, konnte sie zum Tode verurteilt werden. Hier setzt Schillers Trauerspiel ein, in dem es vorderhand nur noch darum geht, ob Elisabeth das Urteil unterschreibt und vollstrecken lässt. Graf von Leicester, der Maria liebt, gelingt es, Elisabeth zu einer Begegnung mit Maria zu überreden.

3. Aufzug, 4. Szene

[...]
MARIA. [...] Ich will mich auch noch diesem unterwerfen.
Fahr hin, ohnmächtiger Stolz der edlen Seele!
Ich will vergessen, wer ich bin, und was
Ich litt, ich will vor ihr mich niederwerfen,
Die mich in diese Schmach herunterstieß.
Sie wendet sich gegen die Königin.
Der Himmel hat für Euch entschieden, Schwester!
Gekrönt vom Sieg ist Euer glücklich Haupt,
Die Gottheit bet ich an, die Euch erhöhte!
Sie fällt vor ihr nieder.
Doch seid auch Ihr nun edelmütig, Schwester!
Lasst mich nicht schmachvoll liegen, Eure Hand
Streckt aus, reicht mir die königliche Rechte,
Mich zu erheben von dem tiefen Fall.
ELISABETH *zurücktretend.*
Ihr seid an Eurem Platz, Lady Maria!
Und dankend preis ich meines Gottes Gnade,
Der nicht gewollt, dass ich zu Euren Füßen
So liegen sollte, wie Ihr jetzt zu meinen.
MARIA *mit steigendem Affekt.*
Denkt an den Wechsel alles Menschlichen!
Es leben Götter, die den Hochmut rächen!
Verehret, fürchtet sie, die schrecklichen,
Die mich zu Euren Füßen niederstürzen –
[...]
Mein Alles hängt, mein Leben, mein Geschick,
An meiner Worte, meiner Tränen Kraft,
Löst mir das Herz, dass ich das Eure rühre!
Wenn Ihr mich anschaut mit dem Eisesblick,
Schließt sich das Herz mir schaudernd zu, der Strom
Der Tränen stockt, und kaltes Grausen fesselt
Die Flehensworte mir im Busen an.
ELISABETH *kalt und streng.*
Was habt Ihr mir zu sagen, Lady Stuart!
Ihr habt mich sprechen wollen. Ich vergesse
Die Königin, die schwer beleidigte,
Die fromme Pflicht der Schwester zu erfüllen,
Und meines Anblicks Trost gewähr ich Euch.
Dem Trieb der Großmut folg ich, setze mich
Gerechtem Tadel aus, dass ich so weit
Heruntersteige – denn Ihr wisst,
Dass Ihr mich habt ermorden lassen wollen.
MARIA Womit soll ich den Anfang machen, wie
Die Worte klüglich stellen, dass sie Euch
Das Herz ergreifen, aber nicht verletzen!
O Gott, gib meiner Rede Kraft, und nimm
Ihr jeden Stachel, der verwunden könnte!
Kann ich doch für mich selbst nicht sprechen, ohne Euch
Schwer zu verklagen, und das will ich nicht.
– Ihr habt an mir gehandelt, wie nicht recht ist,
Denn ich bin eine Königin wie Ihr,
Und Ihr habt als Gefangene mich gehalten.
[...]
– Seht! Ich will alles eine Schickung nennen,
Ihr seid nicht schuldig, *ich* bin auch nicht schuldig.
Ein böser Geist stieg aus dem Abgrund auf,
Den Hass in unseren Herzen zu entzünden,
Der unsre zarte Jugend schon entzweit.
Er wuchs mit uns, und böse Menschen fachten
Der unglücksel'gen Flamme Atem zu.
[...]
Ach, dass Ihr damals mir Gehör geschenkt,
Als ich so dringend Euer Auge suchte!
Es wäre nie so weit gekommen, nicht
An diesem traur'gen Ort geschähe jetzt
Die unglückselig traurige Begegnung.
ELISABETH Mein guter Stern bewahrte mich davor,
Die Natter an den Busen mir zu legen.
– Nicht die Geschicke, Euer schwarzes Herz
Klagt an, die wilde Ehrsucht Eures Hauses.
[...]
MARIA Regiert in Frieden!
Jedwedem Anspruch auf dies Reich entsag ich.

Ach, meines Geistes Schwingen sind gelähmt.
Nicht Größe lockt mich mehr – Ihr habt's erreicht,
Ich bin nur noch der Schatten der Maria.
Gebrochen ist in langer Kerkerschmach
Der edle Mut – Ihr habt das Äußerste an mir
Getan, habt mich zerstört in meiner Blüte!
– Jetzt macht ein Ende, Schwester. Sprecht es aus,
Das Wort, um dessentwillen Ihr gekommen,
Denn nimmer will ich glauben, dass Ihr kamt,
Um Euer Opfer grausam zu verhöhnen.
Sprecht dieses Wort aus. Sagt mir: „Ihr seid frei,
Maria! Meine Macht habt Ihr gefühlt,
Jetzt lernt meinen Edelmut verehren!"
[...]

ELISABETH Bekennt Ihr endlich Euch für überwunden?
Ist's aus mit Euren Ränken? Ist kein Mörder
Mehr unterwegs? Will kein Abenteurer
Für Euch die traur'ge Ritterschaft mehr wagen?
– Ja, es ist aus, Lady Maria. Ihr verführt
Mir keinem mehr. Die Welt hat andre Sorgen.
Es lüstet keinen Euer – vierter Mann
Zu werden, denn Ihr tötet Eure Freier
Wie Eure Männer!

MARIA *auffahrend.* Schwester! Schwester!
O Gott! Gott! Gib mir Mäßigung!

ELISABETH *sieht sie lange mit einem Blick stolzer Verachtung an.*
Das also sind die Reizungen, Lord Leicester,
Die ungestraft kein Mann erblickt, daneben
Kein andres Weib sich wagen darf zu stellen!
Fürwahr! Der Ruhm war wohlfeil zu erlangen,
Es kostet nichts, die *allgemeine* Schönheit
Zu sein, als die *gemeine* für *alle*!

MARIA. Das ist zuviel!

ELISABETH *höhnisch lachend.* Jetzt zeigt Ihr Euer wahres
Gesicht, bis jetzt war's nur die Larve.

MARIA *vor Zorn glühend, doch mit einer edlen Würde.*
Ich habe menschlich, jugendlich gefehlt,
Die Macht verführte mich, ich hab es nicht
Verheimlicht und verborgen, falschen Schein
Hab ich verschmäht, mit königlichem Freimut.
Das Ärgste weiß die Welt von mir und ich
Kann sagen, ich bin besser als mein Ruf.
Weh Euch, wenn sie von Euren Taten einst
Den Ehrenmantel zieht, womit ihr gleißend
Die wilde Glut verstohlner Lüste deckt.
Nicht Ehrbarkeit habt Ihr von Eurer Mutter
Geerbt, man weiß, um welcher Tugend willen
Anna von Boleyn das Schafott bestiegen.

SHREWSBURRY *tritt zwischen beide Königinnen.*
O Gott des Himmels! Muss es dahin kommen!
Ist das Mäßigung, die Unterwerfung,
Lady Maria?

MARIA Mäßigung! Ich habe
Ertragen, was ein Mensch ertragen kann.
Fahr hin, lammherzige Gelassenheit,
Zum Himmel fliehe, leidende Geduld,
Spreng endlich deine Bande, tritt hervor
Aus deiner Höhle, langverhaltner Groll –
Und du, der dem gereizten Basilisk
Den Mordblick gab, leg auf die Zunge mir
Den gift'gen Pfeil –

SHREWSBURRY O sie ist außer sich!
Verzeih der Rasenden, der schwer Gereizten!

Elisabeth, vor Zorn sprachlos, schießt wütende Blicke auf Marien.
[...]

MARIA Der Thron von England ist durch einen Bastard
Entweiht, der Briten edelherzig Volk
Durch eine list'ge Gauklerin betrogen.
– Regierte Recht, so läget *Ihr* vor mir.
Im Staube jetzt, denn *ich* bin Euer König.

Elisabeth geht schnell ab, die Lords folgen ihr in der höchsten Bestürzung.

(*1800*)

Heinrich von Kleist

Über die allmähliche Verfertigung der Gedanken beim Reden

Wenn du etwas wissen willst und es durch Meditation nicht finden kannst, so rate ich dir, mein lieber, sinnreicher Freund, mit dem nächsten Bekannten, der dir aufstößt, darüber zu sprechen. Es braucht nicht eben ein scharf denkender Kopf zu sein, auch meine ich es nicht so, als ob du ihn darum befragen solltest: nein! Vielmehr solltest du es ihm selber allererst erzählen. Ich sehe dich zwar große Augen machen, und mir antworten, man habe dir in früheren Jahren den Rat gegeben, von nichts zu sprechen als nur von Dingen, die du bereits verstehst. Damals aber sprachst du wahrscheinlich mit dem Vorwitz, *andere*, ich will, dass du aus der verständigen Absicht sprechest, *dich* zu belehren, und so könnten, für verschiedene Fälle verschieden, beide Klugheitsregeln vielleicht gut nebeneinander bestehen. Der Franzose sagt, *l'appétit vient en mangeant*[1], und dieser Erfahrungssatz bleibt wahr, wenn man ihn parodiert, und sagt, *l'idée vient en parlant*[2]. Oft sitze ich an meinem Geschäftstisch über den Akten, und erforsche, in einer verwickelten Streitsache, den Gesichtspunkt, aus welchem sie wohl zu beurteilen sein möchte. Ich pflege dann gewöhnlich ins Licht zu sehen, als in den hellsten Punkt, bei dem Bestreben, in welchem mein innerstes Wesen begriffen ist, sich aufzuklären. [...] Und siehe da, wenn ich mit meiner Schwester davon rede, welche hinter mir sitzt, und arbeitet, so erfahre ich, was ich durch stundenlanges Brüten nicht herausgebracht haben würde. Nicht, als ob sie es mir, im eigentlichen Sinne, *sagte* [...]. Auch nicht, als ob sie mich durch geschickte Fragen auf den Punkt hinführte, auf welchen es ankommt, wenn schon dies Letzte häufig der Fall sein mag. Aber weil ich doch irgendeine dunkle Vorstellung habe, die mit dem, was ich suche, von fern her in einiger Verbindung steht, so prägt, wenn ich nur dreist damit den Anfang mache, das Gemüt, während die Rede fortschreitet, in der Notwendigkeit, dem Anfang nun auch ein Ende zu finden, jene verworrene Vorstellung zur völligen Deutlichkeit aus, dergestalt, dass die Erkenntnis, zu meinem Erstaunen, mit der Periode fertig ist. Ich mische unartikulierte Töne ein, ziehe Verbindungswörter in die Länge, gebrauche wohl eine Apposition, wo sie nicht nötig wäre, und bediene mich anderer, die Rede ausdehnender Kunstgriffe, zur Fabrikation meiner Idee auf der Werkstätte der Vernunft die gehörige Zeit zu gewinnen. Dabei ist mir nichts heilsamer, als eine Bewegung meiner Schwester, als ob sie mich unterbrechen wollte; denn mein ohnehin schon angestrengtes Gemüt wird durch diesen Versuch von außen, ihm die Rede, in deren Besitz es sich befindet, zu entreißen, nur noch mehr erregt und in seiner Fähigkeit, wie ein großer General, wenn die Umstände drängen, noch um einen Grad höher angespannt. [...] Es liegt ein sonderbarer Quell der Begeisterung für denjenigen, der spricht, in einem menschlichen Antlitz, das ihm gegenübersteht; und ein Blick, der uns einen halbausgedrückten Gedanken schon als begriffen ankündigt, schenkt uns oft den Ausdruck für die ganze andere Hälfte desselben. Ich glaube, dass mancher große Redner, in dem Augenblicke, da er den Mund aufmachte, noch nicht wusste, was er sagen würde. Aber die Überzeugung, dass er die ihm nötige Gedankenfülle schon aus den Umständen und der daraus resultierenden Erregung seines Gemüts schöpfen würde, machte ihn dreist genug, den Anfang, auf gutes Glück hin, zu setzen. [...] Ein solches Reden ist wahrhaft lautes Denken. Die Reihen der Vorstellungen und ihrer Bezeichnungen gehen nebeneinander fort, und die Gemütsakten für eins und das andere kongruieren. Die Sprache ist alsdann keine Fessel, etwa ein Hemmschuh an dem Rade des Geistes, sondern wie ein zweites, mit ihm parallel fortlaufendes Rad an seiner Achse. Etwas ganz anderes ist es, wenn der Geist schon, vor aller Rede, mit dem Gedanken fertig ist. Denn dann muss er bei seiner bloßen Ausdrückung zurückbleiben, und dies Geschäft, weit entfernt, ihn zu erregen, hat keine andere Wirkung, als ihn von seiner Erregung abzuspannen. Wenn daher eine Vorstellung verworren ausgedrückt wird, so folgt der Schluss noch gar nicht, dass sie auch verworren gedacht worden sei; vielmehr könnte es leicht sein, dass die verworrenst ausgedrückten grade am deutlichsten gedacht werden. Man sieht oft in einer Gesellschaft, wo, durch ein lebhaftes Gespräch, eine kontinuierliche Befruchtung der Gemüter mit Ideen im Werk ist, Leute, die sich, weil sie sich der Sprache nicht mächtig fühlen, sonst in der Regel zurückgezogen halten, plötzlich mit einer zuckenden Bewegung aufflammen, die Sprache an sich reißen und etwas Unverständliches zur Welt bringen. Ja, sie scheinen, wenn sie nur die Aufmerksamkeit aller auf sich gezogen haben, durch ein verlegnes Gebärdenspiel anzudeuten, dass sie selbst nicht mehr recht wissen, was sie haben sagen wollen. Es ist wahrscheinlich, dass diese Leute etwas recht Treffendes, und sehr deutlich, gedacht haben. Aber der plötzliche Geschäftswechsel, der Übergang ihres Geistes vom Denken zum Ausdrücken, schlug die ganze Erregung desselben, die zur Festhaltung des Gedankens notwendig, wie zum Hervorbringen erforderlich war, wieder nieder. In solchen Fällen ist es um so unerlässlicher, dass uns die Sprache mit Leichtigkeit zur Hand sei, um dasjenige, was wir uns gleichzeitig gedacht haben und doch nicht gleichzeitig von uns geben können, wenigstens so schnell als möglich aufeinander folgen zu lassen. Und überhaupt wird jeder, der, bei gleicher Deutlichkeit, geschwinder als sein Gegner spricht, einen Vorteil über ihn haben, weil er gleichsam mehr Truppen als er ins Feld führt.

(1805)

[1] *Der Appetit kommt beim Essen.*

[2] *Der Gedanke kommt beim Sprechen.*

1.1 Beschreiben Sie die vier von Kleist genannten Fälle, in denen das Sprechen und das Denken zueinander stehen können. AfB I

Fall 1

Fall 2

Fall 3

Fall 4

1.2 Erklären Sie mit Hilfe der Ausführungen von Kleist, weshalb Maria ihre Gesprächsabsicht der Unterwerfung möglicherweise nicht verfolgen kann. AfB II

Lösungen: LH S. 8

1.3 Untersuchen Sie, welche Parallele sich im Text von Kleist zwischen Inhalt und Form ziehen lässt. AfB II

2.1 Markieren Sie in folgenden Versen das Metrum. Benennen Sie die Versart (bzw. beschreiben Sie diese). AfB I

Der Himmel hat für Euch entschieden, Schwester!
Gekrönt vom Sieg ist Euer glücklich Haupt,
Die Gottheit bet ich an, die Euch erhöhte! [Z. 8 ff.]

2.2 Untersuchen Sie die Bedeutung der para- und nonverbalen Anteile am Gespräch zwischen Maria und Elisabeth. AfB II

2.3 Beurteilen Sie den Essay vor dem Hintergrund der sprachphilosophischen Frage nach dem Verhältnis von Sprache und Denken. AfB III

2.4 Bewerten Sie, ob das Gespräch zwischen Maria und Elisabeth als Beispiel für eine misslungene Kommunikation betrachtet werden kann. AfB III

3.1 Gestalten Sie den Dialog so in Prosa um, dass es schließlich zu einer Begnadigung von Maria durch Elisabeth kommt. AfB III

3.2 Untersuchendes Erschließen eines literarischen Textes (Drama): Textinterpretation

1. Analysieren Sie den vorliegenden Textauszug aus „Maria Stuart" und stellen Sie den Gesprächsverlauf unter Berücksichtigung des Gesprächsverhaltens und der rhetorischen Strategie der beiden Frauenfiguren dar.
2. Bewerten Sie die Szene vor dem Hintergrund Ihres Wissens über das Menschenbild in der Klassik.

Lösungen: LH S. 8

X. Sturm und Drang

Johann Wolfgang von Goethe
Die Leiden des jungen Werther

Der junge Werther hat sich gerade aus seinem früheren Umfeld gelöst und ist zur Regelung von Erbschaftsangelegenheiten verreist. Werther schreibt an seinen Freund Wilhelm.

Am 10. Mai.

Eine wunderbare Heiterkeit hat meine ganze Seele eingenommen, gleich den süßen Frühlingsmorgen, die ich mit ganzem Herze genieße. Ich bin allein und freue mich meines Lebens in dieser Gegend, die für solche Seelen geschaffen ist wie die meine. Ich bin so glücklich, mein Bester, so ganz in dem Gefühle von ruhigem Dasein versunken, dass meine Kunst darunter leidet. Ich könnte jetzt nicht zeichnen, nicht einen Strich, und bin nie ein größerer Maler gewesen als in diesen Augenblicken. Wenn das liebe Tal um mich dampft und die hohe Sonne an der Oberfläche der undurchdringlichen Finsternis meines Waldes ruht und nur einzelne Strahlen sich in das innere Heiligtum stehlen, ich dann im hohen Grase am fallenden Bache liege, und näher an der Erde tausend mannigfaltige Gräschen mir merkwürdig werden; wenn ich das Wimmeln der kleinen Welt zwischen Halmen, die unzähligen, unergründlichen Gestalten der Würmchen, der Mückchen näher an meinem Herzen fühle, und fühle die Gegenwart des Allmächtigen, der uns nach seinem Bilde schuf, das Wehen des Alliebenden, der uns in ewiger Wonne schwebend trägt und erhält; mein Freund! wenn's dann um meine Augen dämmert und die Welt um mich her und der Himmel ganz in meiner Seele ruhn wie die Gestalt einer Geliebten – dann sehne ich mich oft und denke: Ach könntest du das wieder ausdrücken, könntest du dem Papiere das einhauchen, was so voll, so warm in dir lebt, dass es würde der Spiegel deiner Seele, wie deine Seele ist der Spiegel des unendlichen Gottes! – Mein Freund – Aber ich gehe darüber zugrunde, ich erliege unter der Gewalt der Herrlichkeiten dieser Erscheinungen.

(*1774*)

Johann Wolfgang von Goethe
Willkommen und Abschied

Es schlug mein Herz, geschwind zu Pferde!
Es war getan fast eh' gedacht;
Der Abend wiegte schon die Erde,
Und an den Bergen hing die Nacht:
Schon stand im Nebelkleid die Eiche,
Ein aufgetürmter Riese, da,
Wo Finsternis aus dem Gesträuche
Mit hundert schwarzen Augen sah.

Der Mond von einem Wolkenhügel
Sah kläglich aus dem Duft hervor,
Die Winde schwangen leise Flügel,
Umsaus'ten schauerlich mein Ohr;
Die Nacht schuf tausend Ungeheuer;
Doch frisch und fröhlich war mein Mut:
In meinen Adern welches Feuer!
In meinem Herzen welche Glut!

Dich sah ich, und die milde Freude
Floss von dem süßen Blick auf mich,
Ganz war mein Herz an deiner Seite,
Und jeder Atemzug für dich.
Ein rosenfarbnes Frühlingswetter
Umgab das liebliche Gesicht,
Und Zärtlichkeit für mich – Ihr Götter!
Ich hofft' es, ich verdient' es nicht!

Doch ach! schon mit der Morgensonne
Verengt der Abschied mir das Herz:
In deinen Küssen, welche Wonne!
In deinem Auge, welcher Schmerz!
Ich ging, du standst und sahst zur Erden,
Und sahst mir nach mit nassem Blick:
Und doch, welch Glück geliebt zu werden!
Und lieben, Götter, welch ein Glück!

(*2. Fassung, 1785*)

1.1 Nennen Sie aufgrund des Auszugs aus Goethes Briefroman wesentliche Merkmale der Epoche „Sturm und Drang". AfB I

1.2 Erläutern Sie, warum Goethes Briefroman im 18. Jahrhundert so populär war und der Schriftsteller Ulrich Plenzdorf die Werther-Problematik in seinem Roman „Die neuen Leiden des jungen W." wieder aufgriff. AfB II

2.1 Benennen Sie die Stilmittel/rhetorischen Figuren bzw. beschreiben Sie die Auffälligkeit, die Goethe im Werther-Text jeweils einsetzt. AfB I

A *süßer Frühlingsmorgen* [Z. 3 f.]

B *wie die Gestalt einer Geliebten* [Z. 27]

C *tausend mannigfaltige Gräschen* [Z. 17]

D *undurchdringliche Finsternis* [Z. 13]

E *und die hohe Sonne … ruht, und nur einzelne Strahlen sich in das innere Heiligtum stehlen, …, und näher …* [Z. 12–16]

Lösungen: LH S. 9

F *mein Bester* [Z. 7], *mein Freund*! [Z. 24], *mein Freund* [Z. 32]

G *in ewiger Wonne schwebend* [Z. 23 f.]:

H *Mückchen näher an meinem Herzen fühle, und fühle die Gegenwart des Allmächtigen* [Z. 20 ff.]

I *wie deine Seele ist der Spiegel* [Z. 31]

2.2 Verdeutlichen Sie durch Markierungen den Satzbau (Hauptsatz und Gliederung der Nebensätze) in dem folgenden Auszug aus Goethes Briefroman. Erläutern Sie die Wirkung. AfB II

Wenn das liebe Tal um mich dampft und die hohe Sonne an der Oberfläche der undurchdringlichen Finsternis meines Waldes ruht und nur einzelne Strahlen sich in das innere Heiligtum stehlen, ich dann im hohen Grase am fallenden Bache liege, und näher an der Erde tausend mannigfaltige Gräschen mir merkwürdig werden; wenn ich das Wimmeln der kleinen Welt zwischen Halmen, die unzähligen, unergründlichen Gestalten der Würmchen, der Mückchen näher an meinem Herzen fühle, und fühle die Gegenwart des Allmächtigen, der uns nach seinem Bilde schuf, das Wehen des Alliebenden, der uns in ewiger Wonne schwebend trägt und erhält; mein Freund! wenn's dann um meine Augen dämmert und die Welt um mich her und der Himmel ganz in meiner Seele ruhn wie die Gestalt einer Geliebten – dann sehne ich mich oft und denke: …
[Z. 11–28]

Wirkung:

3.1 Bewerten Sie die Äußerungen Werthers über sein Künstlertum. Schreiben Sie in Ihren Hefter oder diskutieren Sie dieses Frage in Ihrer Klasse. AfB III

3.2 Untersuchendes Erschließen eines literarischen Textes (Lyrik): Textinterpretation

1. Analysieren Sie das Gedicht „Willkommen und Abschied“ von Johann Wolfgang von Goethe unter besonderer Berücksichtigung seiner formalen Gestaltung.
2. Welcher literaturgeschichtliche Bezug zum Mittelalter ergibt sich durch die inhaltliche Struktur des Gedichts?
3. Deuten Sie das Gedicht vor dem Hintergrund der Biografie Goethes.

Lösungen: LH S. 9

XI. Aufklärung

Gotthold Ephraim Lessing
Der Tanzbär

Ein Tanzbär war der Kett' entrissen,
Kam wieder in den Wald zurück,
Und tanzte seiner Schar ein Meisterstück
Auf den gewohnten Hinterfüßen.
„Seht, schrie er, das ist Kunst; das lernt man in der Welt.
Tut mir es nach, wenns euch gefällt,
Und wenn ihr könnt!" Geh, brummt ein alter Bär,
Dergleichen Kunst, sie sei so schwer,
Sie sei so rar sie sei,
Zeigt deinen niedern Geist und deine Sklaverei.

★

Ein großer Hofmann sein,
Ein Mann, dem Schmeichelei und List
Statt Witz und Tugend ist;
Der durch Kabalen steigt, des Fürsten Gunst erstiehlt;
Mit Wort und Schwur als Komplimenten spielt,
Ein solcher Mann, ein großer Hofmann sein,
Schließt das Lob oder Tadel ein?

(*1735*)

Gotthold Ephraim Lessing
Emilia Galotti

Der Prinz von Guastalla begehrt Emilia Galotti, die er auf einem Bild gesehen hat. Am Tage ihrer Hochzeit mit dem Grafen Appiani gelingt es dem Prinzen, sich Emilia zu nähern. Nach dieser Begegnung spricht Emilia mit ihrer Mutter Claudia.

Zweiter Aufzug
(*Die Szene: ein Saal in dem Hause der Galotti*)

Sechster Auftritt

EMILIA *und* **CLAUDIA GALOTTI**.

EMILIA *stürzet in einer ängstlichen Verwirrung herein* Wohl mir! wohl mir! Nun bin ich in Sicherheit. Oder ist er mir gar gefolgt? *Indem sie den Schleier zurückwirft und ihre Mutter erblicket.* Ist er, meine Mutter? ist er? – Nein, dem Himmel sei Dank!

CLAUDIA Was ist dir, meine Tochter? was ist dir?

EMILIA Nichts, nichts –

CLAUDIA Und blickest so wild um dich? Und zitterst an jedem Gliede?

EMILIA Was hab ich hören müssen? Und wo, wo hab ich es hören müssen?

CLAUDIA Ich hab dich in der Kirche geglaubt –

EMILIA Eben da! Was ist dem Laster Kirch' und Altar? – Ah, meine Mutter! *Sich ihr in die Arme werfend.*

CLAUDIA Rede meine Tochter! – Mach meiner Furcht ein Ende. – Was kann dir da, an heiliger Stätte, so Schlimmes begegnet sein?

EMILIA Nie hätte meine Andacht inniger, brünstiger sein sollen, als heute: nie ist sie weniger gewesen, was sie sein sollte.

CLAUDIA Wir sind Menschen, Emilia. Die Gabe zu beten ist nicht immer in unserer Gewalt. Dem Himmel ist beten wollen, auch beten.

EMILIA Und sündigen wollen, auch sündigen.

CLAUDIA Das hat meine Emilia nicht wollen!

EMILIA Nein, meine Mutter; so tief ließ mich die Gnade nicht sinken. – Aber dass fremdes Laster uns, wider unseren Willen, zu Mitschuldigen machen kann!

CLAUDIA Fasse dich! – Sammle deine Gedanken, soviel dir möglich. – Sag es mir mit eins, was dir geschehen.

EMILIA Eben hatt' ich mich – weiter von dem Altare, als ich sonst pflege – denn ich kam zu spät –, auf meine Knie gelassen. Eben fing ich an, mein Herz zu erheben: als dicht hinter mir etwas seinen Platz nahm. So dicht hinter mir! – Ich konnte weder vor noch zur Seite rücken, – so gern ich auch wollte; aus Furcht, dass eines andern Andacht mich in meiner stören möchte. – Andacht! das war das Schlimmste, was ich besorgte. – Aber es währte nicht lange, so hört' ich, ganz nah an meinem Ohre, – nach einem tiefen Seufzer, – nicht den Namen einer Heiligen – den Namen – zürnen Sie nicht, meine Mutter – den Namen Ihrer Tochter! – Meinen Namen! – O dass laute Donner mich verhindert hätten, mehr zu hören! – Es sprach von Schönheit, von Liebe – Es klagte, dass dieser Tag, welcher mein Glück mache, – wenn er es anders mache – sein Unglück auf immer entscheide. – Es beschwor mich – hören musst' ich dies alles. Aber ich blickte nicht um; ich wollte tun, als ob ich es nicht hörte. – Was konnt ich sonst? – Meinen guten Engel bitten, mich mit Taubheit zu schlagen; und wann auch, wann auch für immer! – Das bat ich; das war das Einzige, was ich beten konnte. – Endlich ward es Zeit, mich wieder zu erheben. Das heilige Amt ging zu Ende. Ich zitterte, mich umzukehren. Ich zitterte, ihn zu erblicken, der sich den Frevel erlauben dürfen. Und da ich mich umwandte, da ich ihn erblickte –

CLAUDIA Wen, meine Tochter?

EMILIA Raten Sie, meine Mutter, raten Sie – Ich glaubte in die Erde zu sinken – Ihn selbst.

CLAUDIA Wen, ihn selbst?

EMILIA Den Prinzen.

CLAUDIA Den Prinzen! – O gesegnet sei die Ungeduld deines Vaters, der eben hier war und dich nicht erwarten wollte!

EMILIA Mein Vater hier? – und wollte mich nicht erwarten?

CLAUDIA Wenn du in deiner Verwirrung auch ihn das hättest hören lassen!

EMILIA Nun, meine Mutter? – Was hätt' er an mir Strafbares finden können?

CLAUDIA Nichts; ebenso wenig als an mir. Und doch, doch – Ha, du kennst deinen Vater nicht! In seinem Zorne hätt' er den unschuldigen Gegenstand des Verbrechens mit dem Verbrecher verwechselt. In seiner Wut hätt' ich ihm geschienen, das veranlasst zu haben, was ich weder verhindern noch vorherrschen können. – Aber weiter, meine Tochter, weiter! Als du den Prinzen erkanntest – Ich will hoffen, dass du mächtig genug warest, ihm in *einem* Blicke alle die Verachtung zu bezeigen, die er verdient.

EMILIA Das war ich nicht, meine Mutter! Nach dem Blicke, mit dem ich ihn erkannte, hatt' ich nicht das Herz, einen zweiten auf ihn zu richten. Ich floh –

[…]

CLAUDIA Die Furcht hat ihren besondern Sinn, meine Tochter! – Ich werde es nie vergessen, mit welcher Gebärde du hereinstürztest. – Nein, so weit durfte er nicht wagen, dir zu folgen. – Gott! Gott! wenn dein Vater das wüsste! – Wie wild er schon war, als er nur hörte, dass der Prinz dich jüngst nicht ohne Missfallen gesehen! – Indes, sei ruhig, meine Tochter! Nimm es für einen Traum, was dir begegnet ist. Auch wird er noch weniger Folgen haben als ein Traum. Du entgehst heute allen Nachstellungen.

EMILIA Aber, nicht, meine Mutter? Der Graf muss das wissen. Ich muss es sagen.

CLAUDIA Um alle Welt nicht! – Wozu? warum? Willst du für nichts und wieder nichts ihn unruhig machen? Und wann er es auch itzt nicht würde: wisse, mein Kind, dass ein Gift, welches nicht gleich wirkt, darum kein minder gefährliches Gift ist. Was auf den Liebhaber keinen Einfluss macht, kann ihn auf den Gemahl machen. Den Liebhaber könnt' es sogar schmeicheln, einem so wichtigen Mitbewerber den Rang abzulaufen. Aber wenn er ihm den nun einmal abgelaufen hat: ah! mein Kind – so wird aus dem Liebhaber oft ein ganz anderes Geschöpf. Dein gutes Gestirn hüte dich vor dieser Erfahrung.

EMILIA Sie wissen, meine Mutter, wie gern ich Ihren bessern Einsichten mich in allem unterwerfe. – Aber, wenn er es von einem andern erführe, dass der Prinz mich heute gesprochen? Würde mein Verschweigen nicht, früh oder spät, seine Unruhe vermehren? – Ich dächte doch, ich behielte lieber vor ihm nichts auf dem Herzen.

CLAUDIA Schwachheit! verliebte Schwachheit! – Nein, durchaus nicht, meine Tochter! Sag ihm nichts. Lass ihn nichts merken!

EMILIA Nun ja, meine Mutter! Ich habe keinen Willen gegen den Ihrigen. – Aha! *Mit einem tiefen Atemzuge.* Auch wird mir wieder ganz leicht. – Was für ein albernes, furchtsames Ding ich bin! – Nicht, meine Mutter? – Ich hätte mich doch wohl anders dabei nehmen können, und würde mir ebenso wenig vergeben haben.

CLAUDIA Ich wollte dir das nicht sagen, meine Tochter, bevor dir es dein eigner gesunder Verstand sagte. Und ich wusste, er würde dir es sagen, sobald du wieder zu dir selbst gekommen. – Der Prinz ist galant. Du bist die unbedeutende Sprache der Galanterie zu wenig gewohnt. Eine Höflichkeit wird in ihr zur Empfindung; eine Schmeichelei zur Beteuerung; ein Einfall zum Wunsche; ein Wunsch zum Vorsatze. Nichts klingt in dieser Sprache wie alles, und alles ist in ihr so viel wie nichts.

EMILIA O meine Mutter! – so müsste ich mir mit meiner Furcht vollends lächerlich vorkommen! – Nun soll er gewiss nichts davon erfahren, mein guter Appiani! Er könnte mich leicht für mehr eitel, als tugendhaft, halten. – Hui! dass er da selbst kömmt! Es ist sein Gang.

(1771)

Friedrich Schiller

Kabale und Liebe

Erster Akt

Erste Szene

Zimmer beim Musikus.

MILLER *steht eben vom Sessel auf und stellt seine Violoncell auf die Seite. An einem Tisch sitzt* **FRAU MILLER** *noch im Nachtgewand, und trinkt ihren Kaffee.*

MILLER *schnell auf und ab gehend* Einmal für allemal. Der Handel wird ernsthaft. Meine Tochter kommt mit dem Baron ins Geschrei. Mein Haus wird verrufen. Der Präsident bekommt Wind, und – kurz und gut, ich biete dem Junker aus[1].

FRAU Du hast ihn nicht in dein Haus geschwatzt – hast ihm deine Tochter nicht nachgeworfen.

MILLER Hab ihn nicht in mein Haus geschwatzt – hab ihm's Mädel nicht nachgeworfen; wer nimmt Notiz davon? – Ich war Herr im Haus. Ich hätt meine Tochter mehr koram nehmen sollen. Ich hätt dem Major besser auftrumpfen sollen – oder hätt gleich alles Seiner Exzellenz dem Herrn Papa stecken sollen. Der junge Baron bringt's mit einem Wischer hinaus[2], das muss ich wissen, und alles Wetter kommt über den Geiger.

FRAU *schlürft eine Tasse aus* Possen! Geschwätz! Was kann über dich kommen? Wer kann dir was anhaben? Du gehst deiner Profession nach und raffst Scholaren zusammen, wo sie zu kriegen sind.

MILLER Aber, sag mir doch, was wird bei dem ganzen Kommerz auch herauskommen? – Nehmen kann er das Mädel nicht – Vom Nehmen ist gar die Rede nicht, und zu einer dass Gott erbarm'? – Guten Morgen! – Gelt, wenn so ein Musje *von*[3] sich da und dort, und dort und hier schon herumbeholfen hat, wenn er, der Henker weiß als was? gelöst hat[4], schmeck's meinem guten Schlucker freilich, einmal auf süß Wasser zu graben. Gib du Acht! gib du Acht! und wenn du aus jedem Astloch ein Auge strecktest, und vor jedem Blutstropfen Schildwache ständest, er wird sie, dir auf der Nase, beschwatzen, dem Mädel eins hinsetzen[5], und führt sich ab, und das Mädel ist verschimpfiert auf ihr Leben lang, bleibt sitzen, oder hat's Handwerk verschmeckt, treibt's fort. *Die Faust vor die Stirn.* Jesus Christus!

FRAU Gott behüt' uns in Gnaden!

MILLER Es hat sich zu behüten. Worauf kann so ein Windfuß wohl sonst sein Ansehen richten! – Das Mädel ist schön – schlank – führt einen netten Fuß. Unterm Dach mag's aussehen, wies will. Darüber guckt man bei euch Weibsleuten weg, wenn's nur der liebe Gott parterre nicht hat fehlen lassen – [...]

FRAU Solltest nur die wunderhübschen Billetter auch lesen, die der gnädige Herr an deine Tochter als schreiben tut. Guter Gott! Da sieht man's ja sonnenklar, wie es ihm pur um ihre schöne Seele zu tun ist.

MILLER Das ist die rechte Höhe. Auf den Sack schlagt man den Esel meint man. Wer einen Gruß an das liebe Fleisch zu bestellen hat, darf nur das gute Herz Boten gehen lassen. [...]

FRAU Sieh doch nur erst die prächtigen Bücher an, die der Herr Major ins Haus geschafft haben. Deine Tochter betet auch immer draus.

MILLER *pfeift* Hui da! Betet! Du hast den Witz davon. Die rohe Kraftbrühen der Natur sind Ihro Gnaden zartem Makronenmagen noch zu hart. – Er muss sie erst in der höllischen Pestillenzküche der Belatristen[6] künstlich aufkochen lassen. Ins Feuer mit dem Quark. Da saugt mir das Mädel – weiß Gott was als für? – überhimmlische Alfanzereien[7] ein, das läuft dann wie spanische Mücken ins Blut und wirft mir die Handvoll Christentum noch gar auseinander, die der Vater mit knapper Not so so noch zusammenhielt. Ins Feuer sag ich. Das Mädel setzt sich alles Teufelszeug in den Kopf; über all dem Herumschwänzen in der Schlaraffenwelt findet's zuletzt seine Heimat nicht mehr, vergisst, schämt sich, dass sein Vater Miller der Geiger ist, und verschlägt mir am End einen wackren ehrbaren Schwiegersohn, der sich so warm in meine Kundschaft hineingesetzt hätte – – Nein! Gott verdamm mich. *Er springt auf, hitzig.* Gleich muss die Pastete auf den Herd[8], und dem Major – ja ja, dem Major will ich weisen, wo Meister Zimmermann das Loch gemacht hat. *Er will fort.*

FRAU Sei artig, Miller. Wie manchen schönen Groschen haben uns nur die Präsenter – –

MILLER *kommt zurück und bleibt vor ihr stehen.* Das Blutgeld meiner Tochter? – Schier dich zum Satan, infame Kupplerin! – Eh will ich mit meiner Geig auf den Bettel herumziehen, und das Konzert um was Warmes geben – eh will ich mein Violoncello zerschlagen, und Mist im Sonanzboden führen, eh ich mir's schmecken lass von dem Geld, das mein einziges Kind mit Seel und Seligkeit abverdient. – Stell den vermaledeiten Kaffee ein, und das Tobakschnupfen, so brauchst du deiner Tochter Gesicht nicht zu Markt treiben. Ich hab mich sattgefressen, und immer ein gutes Hemd auf dem Leib gehabt, eh so ein vertrackter Tausendsasa in meine Stube geschmeckt hat.

FRAU Nur nicht gleich mit der Tür ins Haus. Wie du doch den Augenblick in Feuer und Flammen stehst! Ich sprech ja nur, man müss den Herrn Major nicht disguschtüren, weil Sie des Präsidenten Sohn sind.

MILLER Da liegt der Has im Pfeffer. Darum, just eben darum, muss die Sach noch heut auseinander. Der Präsident muss es mir Dank wissen, wenn er ein rechtschaffener Vater ist. Du wirst mir meinen roten plüschenen Rock ausbürsten, und ich werde mich bei seiner Exzellenz anmelden lassen. Ich werde sprechen zu Seiner Exzellenz: Dero Herr Sohn haben ein Aug auf meine Tochter; meine Tochter ist zu schlecht zu Dero Herrn Sohnes Frau, aber zu Dero Herrn Sohnes Hure ist meine Tochter zu kostbar, und damit basta! – Ich heiße *Miller.*

(1783)

[1] verbiete dem adligen Herrn das Haus
[2] kommt mit einem Verweis davon
[3] Herr von Adel (von franz. Monsieur)
[4] Erfahrungen mit Frauen gesammelt hat
[5] schwängern
[6] Verfasser von Romanen bzw. schöngeistigen Schriften
[7] Albernheiten
[8] muss die Sache erledigt werden

1.1 Stellen Sie am Gedicht „Der Tanzbär" von Lessing wesentliche Merkmale der Epoche „Aufklärung" dar. AfB I

1.2 Fassen Sie zusammen, welche Gesprächsziele die Mutter gegenüber Emilia verfolgt und welche sprachlich-rhetorischen Mittel sie dazu einsetzt. AfB I

1.3 Charakterisieren Sie die Beziehung zwischen Emilia und ihrer Mutter. AfB II

2.1 Formulieren Sie in Ihren eigenen Worten, welche Befürchtung Miller in der folgenden Textstelle äußert. Beurteilen Sie die Sprache, die Schiller hier verwendet. AfB III

Gib du Acht! gib du Acht! und wenn du aus jedem Astloch ein Auge strecktest, und vor jedem Blutstropfen Schildwache ständest, er wird sie, dir auf der Nase, beschwatzen, dem Mädel eins hinsetzen, und führt sich ab, und das Mädel ist verschimpfiert auf ihr Leben lang, bleibt sitzen, oder hat's Handwerk verschmeckt, treibt's fort. [Z. 32–39]

2.2 Kreuzen Sie an, ob die nachfolgenden Wörter aus „Kabale und Liebe" eher über das Lateinische oder eher über das Französische ins Deutsche gekommen sind und recherchieren Sie die Wortbedeutung, wie sie hier von Schiller verwendet wird. AfB I

	lat.	franz.		lat.	franz.
A *koram* [Z. 14]	☐	☐	**B** *Scholaren* [Z. 23]	☐	☐
C *parterre* [Z. 47]	☐	☐	**D** *Billetter* [Z. 49]	☐	☐
E *Präsenter* [Z. 84]	☐	☐	**E** *disguschtüren* [Z. 102]	☐	☐

2.3 Erläutern Sie die vielen französischen Entlehnungen, deren sich Schiller bedient, aus dem Zeitkontext heraus. Leiten Sie daraus eine allgemeine Regel über die Ursachen des Fremdwortgebrauchs ab. AfB II

Lösungen: LH S. 9

2.4 Erklären Sie den Unterschied zwischen Lehn- und Fremdwort. AfB II

2.5 In seiner „Ermahnung an die Deutschen, ihren Verstand und ihre Sprache besser zu üben" schreibt Gottfried Wilhelm Leibniz (1682/83):

Ich muss bekennen, es sei leider dahin gekommen, dass man vielleicht, so lange Deutschland steht, nie undeutscher und ungereimter geredet hat. Ich rufe zu Zeugen an, was uns die halbjährigen Messen hervorbringen; darin ist oft alles auf eine erbärmliche Weise durcheinander geworfen, dass manche sogar nicht einmal zu erwägen scheinen, was sie schreiben. Ja, es scheint, manche dieser Leute haben ihr Deutsch vergessen und Französisch nicht gelernt. Wollte Gott, es wäre jedes Mal unter zehn solcher fliegender Papiere eines, so ein Fremder ohne Lachen, ein Patriot ohne Zorn lesen könne!

Sammeln Sie Beispiele für den Gebrauch englischer Wörter und Ausdrücke im heutigen Alltagsdeutsch und diskutieren Sie, ob die von Leibniz geschilderte Situation der Sprachvermischung nicht auch für das heutige Deutsch zutrifft. AfB II

Beispiele:

Situation im heutigen Deutsch:

3.1 Überarbeiten Sie den folgenden Text einer Schülerin. Achten Sie neben dem Stil auch auf falschen Wortgebrauch, die Grammatik und die Zitierweise. AfB I

```
In seinem Gedicht „Der Tanzbär", das fabelhafte Züge trägt, geht es
zunächst um ein Tanzbär, der in den Wald zurückgekehrt ist, um dort
mit seinen in der Welt erlernten Tanzkünsten anzugeben, worauf ihm ein
alter Bär sagt, dass diese Kunst nur deinen niedren Geist und Sklave-
rei anzeigt. Dann wird die Geschichte übertragen. Auch die sogenann-
ten „Künste" am Hof sind nichts wert. Das Gedicht endet schließlich
mit der Moral, die als Frage formuliert wird: „Ein großer Hofmann sein,
schließt das Lob oder Tadel ein?"
```

3.2 Vergleichen Sie die konventionelle Lebenssituation von Emilia und Luise mit der Situation moderner junger Frauen. Beurteilen Sie die Aktualität der Stücke „Emilia Galotti" und „Kabale und Liebe". Diskutieren Sie diese Frage in der Klasse oder schreiben Sie in Ihren Hefter. AfB III

3.3 Untersuchendes Erschließen eines literarischen Textes (Drama): Textinterpretation

1. Analysieren Sie die Textauszüge aus „Emilia Galotti" und „Kabale und Liebe" unter dem Aspekt der dargestellten familiären Systeme und stellen Sie dar, wie diese sich im Verhalten und der Sprache der Figuren zeigen.
2. Bewerten Sie die Auszüge vor dem Hintergrund Ihres Wissens über das Bürgerliche Trauerspiel und die Aufklärung.

Lösungen: LH S. 10

XII. Barock

Andreas Gryphius

Thränen des Vaterlandes / Anno 1636.

Wir sind doch nunmehr gantz / ja mehr denn gantz verheeret!
Der frechen Völcker Schaar / die rasende Posaun
Das vom Blutt fette Schwerdt / die donnernde Carthaun /
Hat aller Schweiß / und Fleiß / und Vorrath auffgezehret.
Die Türme stehn in Glutt / die Kirch ist umgekehret.
Das Rathaus ligt im Grauß / die Starcken sind zerhaun /
Die Jungfern sind geschänd't / und wo wir hin nur schaun
Ist Feuer / Pest / und Tod / der Hertz und Geist durchfähret.
Hir durch die Schantz und Stadt / rinnt allzeit frisches Blutt.
Dreymal sind schon sechs Jahr / als unser Ströme Flutt /
Von Leichen fast verstopfft / sich langsam fort gedrungen
Doch schweig ich noch von dem / was ärger als der Tod /
Was grimmer denn die Pest / und Glutt und Hungersnoth
Das auch der Seelen Schatz / so vilen abgezwungen.

(1636)

Andreas Gryphius

Abend

Der schnelle Tag ist hin; die Nacht schwingt ihre Fahn
Und führt die Sternen auf. Der Menschen müde Scharen
Verlassen Feld und Werk; wo Tier' und Vögel waren,
Trau'rt itzt die Einsamkeit. Wie ist die Zeit vertan!

Der Port naht mehr und mehr sich zu der Glieder Kahn.
Gleich wie dies Licht verfiel, so wird in wenig Jahren
Ich, du und was man hat und was man sieht, hinfahren.
Dies Leben kömmt mir vor als eine Renne-Bahn.

Lass höchster Gott, mich doch nicht auf dem Laufplatz gleiten!
Lass mich nicht Ach, nicht Pracht, nicht Lust, nicht Angst verleiten!
Dein ewig heller Glanz sei vor und neben mir!

Lass, wenn der müde Leib entschläft, die Seele wachen,
Und wenn der letzte Tag wird mit mir Abend machen,
So reiß mich aus dem Tal der Finsternis zu dir!

(1650)

Georg Trakl

Verfall

Am Abend, wenn die Glocken Frieden läuten,
Folg ich der Vögel wundervollen Flügen,
Die lang geschart, gleich frommen Pilgerzügen,
Entschwinden in den herbstlich klaren Weiten.

Hinwandelnd durch den dämmervollen Garten
Träum ich nach ihren helleren Geschicken
Und fühl der Stunden Weiser kaum mehr rücken.
So folg ich über Wolken ihren Fahrten.

Da macht ein Hauch mich von Verfall erzittern.
Die Amsel klagt in den entlaubten Zweigen.
Es schwankt der rote Wein an rostigen Gittern,

Indes wie blasser Kinder Todesreigen
Und dunkle Brunnenränder, die verwittern,
Im Wind sich fröstelnd blaue Astern neigen.

(2. Fassung, 1913)

1.1 Kreuzen Sie an, welche der folgenden Dichter ebenfalls dem Barock zugerechnet werden. AfB I

A Martin Opitz ☐ Paul Heyse ☐

B August Heinrich Hoffmann von Fallersleben ☐ Christian Hofmann von Hofmannswaldau ☐

C Simon Dach ☐ Felix Dahn ☐

D Paul Fleming ☐ Ian Fleming ☐

1.2 Stellen Sie dar, um welche Gedichtform es sich bei dem Gedicht „Thränen des Vaterlandes" handelt. AfB I

____

____

____

____

____

1.3 Eine Suchanfrage mit den Stichwörtern „Barock + Literatur" ergibt über eine gängige Suchmaschine u. a. die folgenden Ergebnisse. Bewerten Sie aufgrund der Ergebnisanzeige jeweils die Qualität der Seite (unter der Voraussetzung, dass Sie sich verlässlich über die Literatur des Barock im Internet informieren wollen). AfB II

A

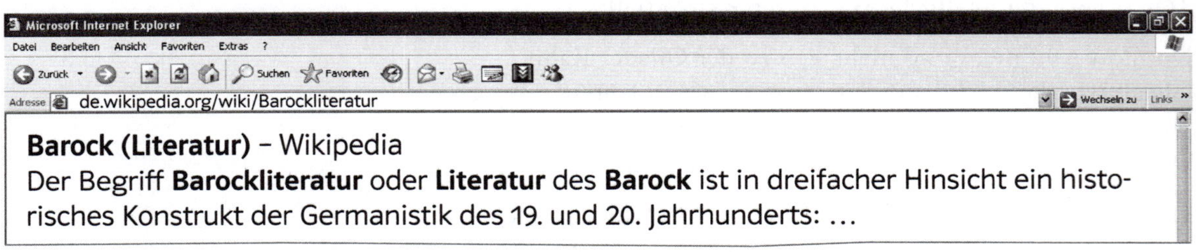

Barock (Literatur) – Wikipedia
Der Begriff **Barockliteratur** oder **Literatur** des **Barock** ist in dreifacher Hinsicht ein historisches Konstrukt der Germanistik des 19. und 20. Jahrhunderts: …

Bewertung:

____

____

B

Barock (1600–1720)
Diese neue Verbreitungsweise von **Literatur**, der Literaturmarkt, war im 17. Jh. aber erst im Entstehen.). Die dritte bestimmende Kraft des **Barock** war die …

Bewertung:

____

____

Lösungen: LH S. 10

C

Barock-Literatur
Diese Seiten sind hervorgegangen aus dem Seminar **Barock-Literatur** im HTML-Format, das im Sommersemester 2003 am Institut für Neuere Deutsche **Literatur** und …

Bewertung:

____

____

D

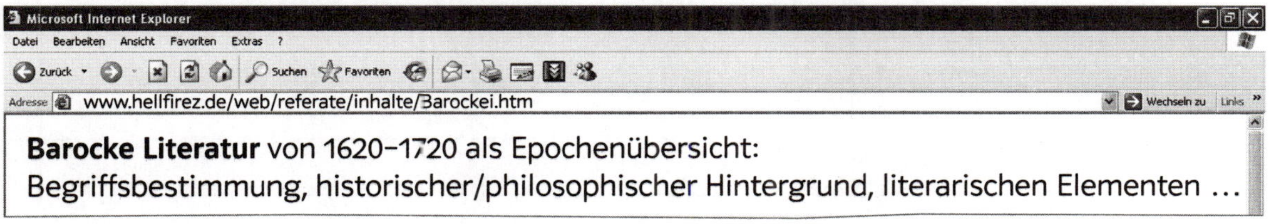

Barocke Literatur von 1620–1720 als Epochenübersicht:
Begriffsbestimmung, historischer/philosophischer Hintergrund, literarischen Elementen …

Bewertung:

____

____

2.1 Schreiben Sie die letzten sechs Verse des Gedichts „Thränen des Vaterlandes" in der aktuell gültigen Orthografie (samt Zeichensetzung) auf. AfB I

____

____

____

____

____

____

____

2.2 Weisen Sie die folgenden formalen Besonderheiten am Text des Gedichtes „Thränen des Vaterlandes" nach. AfB II

A Correctio

____

B Binnenreim

____

C Parallelismus, Anapher

____

____

D Enjambement

____

2.3 Ordnen Sie die verschiedenen im Text genannten Entwicklungsstufen des deutschen Wortes „Träne" in der chronologisch richtigen Reihenfolge an und geben Sie die Zeiträume an, welche diese Entwicklungsstufen (also z. B. „ahd.") ungefähr umfassen. AfB I

Träne *w*: *Mhd.* trēne, worauf die heutige Form beruht, ist eigtl. eine starke Mehrzahlform von ‚tran', die im 15. Jh. nicht mehr als solche verstanden und als Singular aufgefasst wurde. Zu dieser Form wurde dann ein neuer schwacher Plural ‚trenen' gebildet. *Mhd.* tran ist zusammengezogen aus trahen, *ahd.* trahan „Träne, Tropfen". Das nur deutsche Wort geht zusammen mit →Zähre und verwandten *außergerm.* Wörtern, z.B. *gr.* dákryon „Träne, Harz[tropfen]" und *lat.* lacrima (*alat.* dacruma) „Träne" auf *idg.* *d(r)akru- „Träne" zurück. Ob die engere Bedeutung „Träne" oder die allgemeinere des „Tropfens" die ursprüngliche ist, ist nicht zu entscheiden. Abl.: tränen (*mhd.* trahenen, kontrahiert trēnen).

3.1 Analysieren Sie das Gedicht „Thränen des Vaterlandes" kurz und nennen Sie seine zentrale Aussage. Beziehen Sie hierbei Ihr Zeitwissen mit ein. AfB II

3.2 Untersuchendes Erschließen eines literarischen Textes (Lyrik, vergleichend): Vergleichende Textinterpretation

1. Analysieren Sie die Gedichte „Abend" von Andreas Gryphius und „Verfall" von Georg Trakl.
2. Vergleichen Sie die beiden Gedichte in ihrer Form und Aussage.
3. Erschließen Sie aus diesem Vergleich Charakteristika von Barock und Expressionismus.

Lösungen: LH S. 10 f.

XIII. Mittelalter

Konrad von Würzburg

Heinrich von Kempten

Ein keiser Otte was genant, der magencrefte manic lant mit vorhten undertænic wart. schœn unde lanc was im der bart, wand er in zôch vil zarte, und swaz er bî dem barte geswuor, daz liez er allez wâr. er hete rœtelehtez hâr und was mitalle ein übel man.	Ein Kaiser hieß Otto. Viele Länder waren seiner Majestät mit Furcht und Zittern untertan. Er hatte einen schönen langen Bart, denn er pflegte ihn sehr sorgfältig; und alles, was er je bei diesem Bart geschworen hatte, das erfüllte er haargenau. Der Kaiser hatte rotes Haar Und war überhaupt ein böser Mensch.

[…]

Einst veranstaltete er [Kaiser Otto] dort in Babenberg, der stattlichen und großen Burg, eine Festlichkeit, und zwar zu Ostern. Daher kamen aus ihren Klöstern viele hochwürdige Äbte zum Hof. Desgleichen eilten viele ehrenwerte Bischöfe mit glänzendem Gefolge dorthin. In prächtiger Schar kamen auch Grafen, Freiherren und Ministeriale, die dem Reich und seinem kaiserlichen Schirmherren unterstanden. Sie alle zogen dorthin in freudigem Gedränge. Als nun die Messe des Ostertages beendet war, da hatte man mit Freude alle Tische festlich gedeckt: Brot hatte man darauf ausgeteilt, und viele schöne Trinkbecher bereitgestellt, damit Kaiser Otto, wenn er mit der Schar der Fürsten aus dem Dom käme, sich dort die Hände waschen und sogleich mit dem Essen beginnen könne. Um höfische Sitte zu lernen, war damals auch ein vornehmer Junker dorthin gesandt worden. Dass er von adliger Herkunft und schöner Erscheinung war, sah man ihm an. Alle zollten ihm unwillkürlich dort in Babenberg höchste Anerkennung. Sein Vater war der überaus mächtige Herzog von Schwaben, dessen ungezählte Einkünfte er einmal ganz allein erben sollte. Ebendieses schöne Kind ging am gleichen Tag dort bei Hof an den Tischen entlang und legte seine makellos weißen Hände darauf. Ein Weißbrot nahm sich das hochadlige Kind und brach davon ein nur ganz winziges Stückchen ab, um es in den Mund zu stecken, wie sich Kinder nun einmal benehmen, denen der Sinn danach steht, gern vor der Zeit etwas zu naschen.

Als der vornehme Fürstensohn eben das Brot an sich genommen und ein Stück abgebrochen hatte, da ging gerade dort mit seinem Stab der Truchsess[1] des Kaisers vorbei und teilte ein, was nach der Messe gegessen werden sollte. Als er sah, dass der Junker dort etwas von dem Brot genommen hatte, geriet er darüber augenblicklich in Zorn; denn er hatte es an sich, dass ihn jede Kleinigkeit aufbrachte. Darum lief er mit seinem Stab auf den Junker zu und schlug das hübsche zarte Kind damit so heftig auf den Kopf, dass sich ihm Scheitel und Haare von fließendem Blut röteten. Er stürzte hin, blieb auf dem Boden sitzen und vergoss viele bittere Tränen, weil der Truchsess gewagt hatte, ihn zu schlagen. Das gewahrte ein Held: der vortreffliche Ritter Heinrich von Kempten. Er war von edler Gesinnung und fürstlicher Mannhaftigkeit. Zusammen mit dem Junker war er von Schwaben dorthin gekommen – so habe ich es gelesen –; denn er war sein Erzieher, der ihn zu vollkommener Würde anleitete. Dass man das vornehme Kind so unbarmherzig geschlagen hatte, das brachte ihn gewaltig auf und betrübte ihn tief. Dem Truchsess wandte sich sogleich der furchtlose Ritter zu und fuhr ihn zornbebend an: „Wofür musstet Ihr solche Vergeltung üben, dass Ihr nun Eure ritterliche Bildung mit Füßen getreten habt, indem Ihr den Sohn eines adligen Fürsten so böse geschlagen habt? Ich sage Euch das nachdrücklich: Ihr benehmt Euch nicht so, wie es Euch ansteht, weil Ihr meinen Herrn ohne dessen geringstes Verschulden geschlagen habt.“

„Das geht Euch gar nichts an!“, erwiderte der Truchsess. „Mir kommt es in der Tat zu, dass ich unerzogenen Knechten ihr Tun verwehre und jeden ohne Ausnahme schlage, der die Hofsitte verletzt. Auf der Stelle unterlasst Ihr überhaupt Euer Reden, denn Euch fürchte ich so wenig wie der Habicht ein Huhn. – Im Übrigen: was wollt Ihr jetzt noch dagegen unternehmen, dass ich den Herzog geschlagen habe?!“

„Das sollt Ihr bald genug merken“, versetze der Ritter. „Dass Ihr Euch unterstanden habt, den edlen Fürsten zu schlagen, das wird Euch sogleich gereuen:

Ich dulde das nämlich nicht mehr länger. Ihr nichtsnutziger Übeltäter, wie wagt Ihr überhaupt noch zu leben, seit Ihr den Junker so heftige Schläge zugefügt habt? Weil Ihr mit frecher Hand so Unziemliches getan habt, soll Euer Blut den ganzen Saal und die Stelle, auf der Ihr steht, benetzen." Mit diesen Worten ergriff er einen Knüttel, einen gewaltigen Prügelstock, und schlug ihn damit so heftig, dass ihm der Schädel wie ein Ei zerbrach und sich sein Kopf in zwei Teile spaltete – ganz wie ein irdener Topf –, und wirbelnd drehte er sich um sich selbst wie ein Kriesel. Hirn und Haupt waren ihm gewiss gänzlich zerschellt, glaube ich wenigstens. So krachte er auf den Estrich nieder und lag da, jämmerlich erschlagen. Sein Blut färbte den Saal rot. [...]

(1260–1265)

[1] im MA für Küche und Tafel (und damit auch für die Esssitten) zuständiger, hier direkt dem Kaiser unterstellter Beamter

Die Übersetzung des mittelhochdeutschen Textes stammt von Heinz Rölleke.
Die Auflösung der Versform wurde nachträglich von Stefan Schäfer vorgenommen.

Prof. Herfried Münkler

Ich morde, also bin ich

Die Bluttat von Erfurt offenbart ein verhängnisvolles Paradoxon moderner Gesellschaften: Je stärker Gewalt im öffentlichen Leben geächtet wird, umso höher ist der Gewinn an Aufmerksamkeit für die, die sie ausüben – ein Dilemma, dem keine Politik entrinnen kann.

Kaum etwas bekommt in modernen Gesellschaften so hohe Aufmerksamkeit wie die Anwendung von Gewalt: je exzessiver die Gewaltanwendung, desto höher die Aufmerksamkeit der Medien und damit der gesamten Gesellschaft. Da Aufmerksamkeit in modernen Gesellschaften eine knappe Ressource ist, womöglich die knappste überhaupt, ist die Anwendung von Gewalt attraktiv, wenn es darum geht, das mediale Rauschen zu übertönen. Indem sie mit Gewaltanwendung verbunden werden, werden Probleme, Ereignisse oder menschliche Schicksale in die öffentliche Wahrnehmung gerückt.

Diese Erfahrung haben bereits die Demonstranten der späten sechziger Jahre gemacht, sie ist grundlegend für das Agieren terroristischer Gruppierungen, und inzwischen scheint sie auch für die spektakuläre Inszenierung eines Suizids handlungsleitend zu werden. Gewalt ist dabei kein Instrument, mit dem bestimmte Ziele verfolgt und konkrete Absichten durchgesetzt werden sollen, sondern sie ist eine Botschaft, die oftmals nichts anderes besagt, als dass hier ein gescheitertes Leben zu Ende gegangen ist.

Offenbar gilt die Regel: Je gewaltärmer eine Gesellschaft ist, desto nachdrücklicher sind die durch Gewaltanwendung zu erzielenden Effekte. Dieser fatale Zusammenhang wird übersehen, wenn Ausmaß und Niveau medial vermittelter Gewalt, etwa in bestimmten Videos oder Computerspielen, als Ursache der Gewaltanwendung ins Spiel gebracht wird. Im konkreten Fall mögen solche Gewaltdarstellungen und Gewaltspiele für den Einzelnen enthemmend und gewaltstimulierend sein, aber der gesellschaftliche Mechanismus, der die Gewalt als Botschaft attraktiv macht, wird damit nicht erfasst – genauso wenig im übrigen wie bei der Suche nach weiteren Begrenzungen für den Zugang zu Waffen. Im Gegenteil: Je höher die Gewaltschranke einer Gesellschaft heraufgesetzt wird, desto größer sind die Aufmerksamkeitsprämien, die auf Gewaltanwendung ausgezahlt werden.

Das ist zugleich das Dilemma, in dem Politik und Gesellschaft stecken, wenn sie nach Mitteln und Wegen der Gewaltprävention suchen: Je erfolgreicher sie damit im Allgemeinen sind, desto attraktiver machen sie den Gewaltexzess im Einzelfall. In einer Gesellschaft, die sich an ein hohes Niveau von Alltagsgewalt gewöhnt hat, wie dies in vielen Ländern Lateinamerikas der Fall ist, fällt es schwer, durch individuelle Gewaltanwendung große Aufmerksamkeitsprämien zu erzielen. Freilich: So richtig diese Beobachtung der Sozialwissenschaft sein mag, so wenig lassen sich aus ihr irgendwelche akzeptablen Hinweise für gesellschaftliches und politisches Handeln ableiten.

In Gesellschaften, die keine metaphysischen Verstrebungen mehr besitzen, also Gesellschaften ohne den gemeinsam geteilten Glauben an einen Gott und die daraus gewonnenen Gemeinschaftserfahrungen, sind gesellschaftliche Aufmerksamkeit und individuelle Bedeutsamkeit identisch geworden. Wer nicht wahrgenommen wird, kann sich des Eindrucks, bedeutungslos zu sein, kaum erwehren. Der Trost, den der Glaube an das Wahrgommenwerden durch einen gütigen Gott lange geboten haben mag, ist für uns allenfalls individuell, aber nicht mehr gesellschaftlich verfügbar.

Verzweifelte Suche nach individueller Bedeutung

Unter diesen Umständen ist das verzweifelte Bemühen um die Erregung von Aufmerksamkeit ein Haschen nach Bedeutsamkeit, auch wenn deren Anerkennung in nichts anderem liegt als in dem öffentlichen Entsetzen über die Gewalttat und der in Talkshows zelebrierten Suche nach Erklärungen dafür. [...]

Der Abbau der metaphysischen Verstrebungen einer Gesellschaft, durch den der Wert öffentlicher Aufmerksamkeit für das Bewusstsein individueller Bedeutsamkeit so sehr gesteigert worden ist, kann gesellschaftlich konkretisiert werden: Eine der kaum beachteten Begleiterscheinungen des gesellschaftlichen Modernisierungsprozesses ist die schwindende Bedeutung von Friedhöfen als Stätten des Eingedenkens und Erinnerns. Was eine Stätte des Fortlebens im Gedächtnis einer sozialen Gruppe war, ist zu einem Ort für die Entsorgung der sogenannten sterblichen Überreste geworden. Das mag überspitzt formuliert sein, bezeichnet aber eine starke Tendenz moderner Gesellschaften, denen die Erinnerung an die Endlichkeit menschlichen Lebens zur Störung des Alltagsbetriebs geworden ist.

Die Todes-Inszenierung als medienwirksames Ereignis

Je stärker diese Gesellschaften am Auskosten des Augenblicks orientiert sind, desto unerträglicher ist ihnen das Bewusstsein des Todes. Also wird der Tod von denen, die ihn aus eigenem Entschluss suchen, als medienwirksames Ereignis in Szene gesetzt. Die Entwertung der Gräber und Gedenksteine wird beglichen durch die Inszenierung des Suizids als aufmerksamkeitsheischender Event. Das beginnt beim Sprung vor die U-Bahn, durch den ein Suizid als Eingriff in den öffentlichen Nahverkehr Aufmerksamkeit erlangt, und reicht bis zu spektakulären Flugzeugabstürzen und Amokläufen. Dabei kann sich der zur Selbsttötung Entschlossene sicher sein, dass ihm um so größere Aufmerksamkeit zuteil wird, je mehr Menschen er an der Beendigung des eigenen Lebens beteiligt. Er bedient sich der Logik einer Mediengesellschaft, die den Augenblick der Katastrophe notiert, für die die Gewöhnlichkeit eines misslingenden Lebens aber keine Zeile wert ist.

Dabei folgen die Inszenierungsmodelle gewalttätiger Aufmerksamkeitserzielung häufig den Vorgaben politischer Gewaltanwendung: Die Schreckensbilder der im World Trade Center zerschellenden Flugzeuge sind ebenso wie die palästinensischen Selbstmordattentate zur Regieanweisung für die Lösung privater Aufmerksamkeitsprobleme geworden. Man kann von einer Privatisierung politischer Gewaltanwendung sprechen, und diese Privatisierung wird möglich, weil die Aufmerksamkeitszuwendung der Medien identischen Mustern folgt.

Spektakuläre Selbsttötungen werden zunehmen

Das gibt zu der Vermutung Anlass, dass exzessive Gewaltanwendung und spektakuläre Selbsttötungen in Zukunft häufiger und nicht seltener werden – so lange zumindest, wie sie nicht durch zu große Häufung selbst den zu erzielenden Aufmerksamkeitseffekt abschwächen. Sicherlich wird man in jedem Fall Ansätze finden, wo durch ein anderes Verhalten des gesellschaftlichen Umfeldes vor der Tat diese hätte verhindert werden können: hier durch schärfere Regelungen für den Besitz von Waffen, durch mehr pädagogische Zuwendung, oft durch mehr menschliche Aufmerksamkeit. Hier sind gesellschaftliche und politische Präventionsmöglichkeiten zu suchen und zu nutzen.

Den Mechanismus der Prämierung von medienwirksam inszenierter Gewalt werden sie jedoch nicht aushebeln können. Und vor allem werden sie nichts daran ändern können, dass Gewaltanwendung als Botschaft um so attraktiver ist, je gewaltsärmer eine Gesellschaft ist. Mit der Paradoxie, dass gerade erfolgreiche Gewaltprävention die Gewaltattraktivität steigert, werden wir leben müssen. Oder wir müssten, was aber ganz unwahrscheinlich ist, die Regeln unserer Aufmerksamkeitsverteilung ändern.

(2002)

1.1 Nennen Sie einen bekannten Autor des literarischen Mittelalters und erläutern Sie dessen Bedeutung. AfB I

1.2 Das Erzählwerk „Heinrich von Kempten" gehört zur Gattung der Versnovelle. Nennen Sie die wesentlichen Merkmale einer Novelle. AfB I

1.3 Untersuchen Sie, in welcher sozialen Beziehung die Figuren in „Heinrich von Kempten" zueinander stehen und welche Folgen dies für die Handlung hat. AfB II

A Heinrich – Sohn des Herzogs

B Sohn des Herzogs – Truchsess

C Heinrich – Truchsess

1.4 Bewerten Sie die Funktion von Gewaltdarstellungen in literarischen Texten wie in der Versnovelle „Heinrich von Kempten" vor dem Hintergrund der Aussagen des Essays „Ich morde, also bin ich". Stellen Sie anschließend dar, welche Rückschlüsse auf die spätmittelalterliche Gesellschaft gezogen werden können, wenn die These Münklers zutrifft. AfB III

Lösungen: LH S. 11

2.1 Untersuchen Sie am mittelhochdeutschen Originaltext, wie sich Reimfolgen und Satzenden zueinander verhalten, und stellen Sie dar, welche Wirkung auf den Leser damit beabsichtigt wird. AfB II

2.2 Beschreiben Sie die Sprache des Essays „Ich morde, also bin ich" und bewerten Sie diese kritisch. AfB III

3.1 Gestalten Sie aus der Sicht Heinrichs einen inneren Monolog, aus dem deutlich wird, weshalb er gegenüber dem Truchsess so heftig reagiert. AfB III

3.2 Erörterndes Erschließen ohne Textvorlage: Freie Erörterung

Erörtern Sie, ob die in Deutschland geltenden Jugendschutzbestimmungen hinsichtlich von gewaltverherrlichenden Darstellungen in den modernen Unterhaltungsmedien ausreichend sind.

Lösungen: LH S. 11

Register der Kompetenzen, Inhalte und Autoren

I. Lesen/Texterschließung/Umgang mit Medien

II. Reflexion über Sprache

III. Schreiben/Sprechen/Präsentieren

IV. Schreibformen (EPA)

V. Autorinnen und Autoren

Literaturverzeichnis

I. Literatur der Gegenwart

Franzobel (= Stefan Griebl): Ikea. – In: Zum Glück gibt's Österreich. Junge österreichische Literatur. Hg. von Gustav Ernst und Karin Fleischanderl. Berlin: Wagenbach Verlag 2003, S. 10 f.

Hans Magnus Enzensberger: Das Plebiszit der Verbraucher. – In: Hans Magnus Enzensberger: Einzelheiten. Frankfurt/Main: Suhrkamp Verlag 1962, S. 137–141.

II. Literatur nach 1945

Ernst Jandl: wien: heldenplatz – In: Ernst Jandl: Laut und Luise. Stuttgart: Reclam 1976, S. 37.

Günter Grass: Die Blechtrommel. München: Deutscher Taschenbuch Verlag 1993, S. 514–519.

Peter Weiss: Die Ermittlung. Oratorium in 11 Gesängen. Reinbek bei Hamburg: Rowohlt Verlag 1988, S. 102–105.

III. Literatur der Weimarer Republik

Bertolt Brecht: Leben des Galilei. Schauspiel. Mit einem Kommentar von Dieter Wöhrle, Frankfurt/Main: Suhrkamp Verlag 1998, S. 9–13.

Papst Johannes Paul II.: Schmerzliches Missverständnis im „Fall Galilei" überwunden. Ansprache von Papst Johannes Paul II. an die Päpstliche Akademie der Wissenschaften am 31.10.1992. – Unter: www.stjosef.at/dokumente/papst_galilei.htm (eingesehen am 06. August 2008)

IV. Literatur um 1900

Rainer Maria Rilke: Ich fürchte mich so vor der Menschen Wort. – In: Rainer Maria Rilke: Die Gedichte. Frankfurt: Insel Verlag 1993. S. 188 f.

August Stramm: Angststurm. – In: August Stramm: Das Werk. Wiesbaden: Limes Verlag 1963, S. 98.

Ferdinand de Saussure: Stellung der Sprache innerhalb der menschlichen Rede. – In: Ferdinand de Saussure: Grundfragen der allgemeinen Sprachwissenschaft. Hrsg. v. Ch. Bally u. A. Sechaye. Übersetzt v. H. Lommel, 2. Auflage, Berlin: de Gruyter 1967, S. 13–17.

V. Naturalismus

Arno Holz / Johannes Schlaf: Papa Hamlet. Ein Tod. Stuttgart. Reclam Verlag 1963. S. 59–63.

Walter Benjamin: Kunst zu erzählen. – Zitiert nach: Walter Benjamin: Illuminationen. Ausgewählte Schriften. Frankfurt: Suhrkamp Verlag 1977, S. 314 f.

VI. Bürgerlicher Realismus

Theodor Fontane: Effi Briest. – In: Theodor Fontane: Romane, Erzählungen, Gedichte. Hrsg. von Walter Keitel, München: Carl Hanser Verlag 1963, S. 30 ff. (Theodor Fontane: Sämtliche Werke, Bd. 4)

EDITION FÜR DEN LITERATURUNTERRICHT
Theodor Fontane: Effi Briest. Mit Materialien, ausgewählt von Hanns-Peter Reisner und Rainer Siegle. Hrsg. v. Thomas Kopfermann, Leipzig: Ernst Klett Verlag.

Edda Ziegler: Wilhelminische Gesellschaft. – In: Edda Ziegler: Theodor Fontane. Lebensraum und Phantasiewelt. Eine Biographie. Berlin: Aufbau-Verlag 1996, S. 211 ff.

VII. Biedermeier und Vormärz

Heinrich Heine: Deutschland. Ein Wintermärchen – In: Heinrich Heine: Sämtliche Schriften. Band 4. Hrsg. von Klaus Briegleb, München: Carl Hanser Verlag 1971, S. 577 f.

Adalbert Stifter: Vorrede zu „Bunte Steine". – In: Adalbert Stifter: Bunte Steine und Erzählungen. München: Artemis & Winkler Verlag 1996, S. 7–10.

VIII. Romantik

Joseph von Eichendorff: Sehnsucht. – In: Joseph von Eichendorff: Werke in vier Bänden. Band 1. Hrsg. von Wolfdietrich Rasch, München: Carl Hanser Verlag 1981, S. 30.

EDITION FÜR DEN LITERATURUNTERRICHT
Lyrik der Romantik. Mit Materialien, ausgewählt von Joachim Bark und Thomas Kopfermann. Hrsg. v. Thomas Kopfermann, Leipzig: Ernst Klett Verlag.

Joseph von Eichendorff: Mondnacht. – In: Joseph von Eichendorff: Werke in vier Bänden. Band 1. Hrsg. von Wolfdietrich Rasch, München: Carl Hanser Verlag 1981, S. 271.

EDITION FÜR DEN LITERATURUNTERRICHT
Lyrik der Romantik. Mit Materialien, ausgewählt von Joachim Bark und Thomas Kopfermann. Hrsg. v. Thomas Kopfermann, Leipzig: Ernst Klett Verlag.

Ulrich Eckhardt: Von der Erschöpfung der Musik. In: Bildung, Macht, Verantwortung. Hrsg. von Frithjof Hager et al., Leipzig: Reclam Verlag 1994, S. 32–36.

IX. Klassik

Friedrich Schiller: Maria Stuart. – In: Friedrich Schiller: Maria Stuart. Die Jungfrau von Orleans. München: Deutscher Taschenbuch Verlag 1966, S. 68–73. (Schiller Werke, dtv-Gesamtausgabe, Bd. 7)

TASCHENTEXTE
Friedrich Schiller: Maria Stuart. Leipzig: Ernst Klett Verlag.

Heinrich von Kleist: Über die allmähliche Verfertigung der Gedanken beim Reden. – In: Heinrich von Kleist: Werke in einem Band. Ausgewählt und mit einem Nachwort versehen von Walther Vontin, Hamburg: Hoffmann und Campe Verlag 1963, S. 567–572.

X. Sturm und Drang

Johann Wolfgang von Goethe: Die Leiden des jungen Werther. – In: Johann Wolfgang von Goethe: Romane und Novellen. Erster Band. Mit Anmerkungen versehen von Benno v. Wiese und Erich Trunz, textkritisch durchgesehen von Erich Trunz, Hamburg: Christian Wegner Verlag 1951, S. 9. (Goethes Werke, Hamburger Ausgabe in 14 Bänden, Bd. 6)

EDITION FÜR DEN LITERATURUNTERRICHT
Johann Wolfgang von Goethe: Die Leiden des jungen Werther. Mit Materialien, ausgewählt von Doris Bonz-Ammon. Hrsg. v. Thomas Kopfermann, Leipzig: Ernst Klett Verlag.

Johann Wolfgang von Goethe: Willkommen und Abschied. – In: Johann Wolfgang von Goethe: Gedichte 1756–1799. Hrsg. von Karl Eibl, Frankfurt/Main: Deutscher Klassiker Verlag 1987, S. 283. (Johann Wolfgang von Goethe: Sämtliche Werke. Briefe, Tagebücher und Gespräche in vierzig Bänden, Bd. 1)

XI. Aufklärung

Gotthold Ephraim Lessing: Der Tanzbär. – In: Gotthold Ephraim Lessing: Gedichte, Fabeln, Lustspiele. Hrsg. von Herbert G. Göpfert, München: Carl Hanser Verlag 1970, S. 197 f. (Gotthold Ephraim Lessing: Werke, Bd. 1)

EDITION FÜR DEN LITERATURUNTERRICHT
Gotthold Ephraim Lessing: Emilia Galotti. Mit Materialien, ausgewählt von Rainer Siegle. Hrsg. v. Thomas Kopfermann, Leipzig: Ernst Klett Verlag.

Gotthold Ephraim Lessing: Emilia Galotti. Hrsg. von Herbert G. Göpfert, München: Carl Hanser Verlag 1971, S. 150–153. (Gotthold Ephraim Lessing: Werke, Bd. 2)

Friedrich Schiller: Kabale und Liebe. – In: Friedrich Schiller: Gedichte/Dramen I. Hrsg. von Gerhard Fricke und Herbert G. Göpfert in Verbindung mit Herbert Stubenrauch, München: Carl Hanser Verlag 1965, S. 758 ff. (Friedrich Schiller: Sämtliche Werke, Bd. 1)

EDITION FÜR DEN LITERATURUNTERRICHT
Friedrich Schiller: Kabale und Liebe. Ein bürgerliches Trauerspiel in fünf Aufzügen. Mit Materialien, ausgewählt von Annegrit Brunkhorst-Hasenclever. Hrsg. v. Thomas Kopfermann. Leipzig: Ernst Klett Verlag.

Gottfried Wilhelm Leibniz: Ermahnung an die Deutschen ihren Verstand und ihre Sprache besser zu üben. In: Gottfried Wilhelm Leibniz: Ermahnung an die Deutschen. Von Deutscher Sprachpflege. Darmstadt: Wissenschaftliche Buchgesellschaft 1967, S. 16.

XII. Barock

Andreas Gryphius: Thränen des Vaterlands. – In: Gedichte des Barock. Hrsg. von Ulrich Maché und Volker Meid, Stuttgart: Reclam Verlag 1995, S. 116.

EDITION FÜR DEN LITERATURUNTERRICHT
Lyrik des Barock. Mit Materialien, ausgewählt von Hans Ulrich Staiger. Hrsg. v. Thomas Kopfermann, Leipzig: Ernst Klett Verlag.

Andreas Gryphius: Abend. – In: Tränen des Vaterlandes. Deutsche Dichtung aus dem 16. und 17. Jahrhundert. Eine Auswahl. Hrsg. von Johannes R. Becher, Berlin: Aufbau-Verlag 1963, S. 161.

EDITION FÜR DEN LITERATURUNTERRICHT
Lyrik des Barock. Mit Materialien, ausgewählt von Hans Ulrich Staiger. Hrsg. v. Thomas Kopfermann, Leipzig: Ernst Klett Verlag.

Georg Trakl: Verfall. – In: Georg Trakl: Das dichterische Werk. Auf Grund der historisch-kritischen Ausgabe von Walther Killy und Hans Szklenar, 17. Auflage, München: Deutscher Taschenbuch Verlag 2005, S. 35.

Duden. Etymologie. Herkunftswörterbuch der deutschen Sprache. Bearb. v. Anette Auberle, Dr. Annette Klosa, Mannheim; Leipzig; Wien; Zürich: Bibliographisches Institut F.A. Brockhaus AG 2001, S. 860. (Duden, Bd. 7)

XIII. Mittelalter

Konrad von Würzburg: Heinrich von Kempten. – In: Konrad von Würzburg: Heinrich von Kempten. Der Welt Lohn. Das Herzmaere. Übersetzt, mit Anmerkungen und einem Nachwort versehen v. H. Rölleke. Stuttgart: Reclam Verlag 1993, S. 6–15.

Herfried Münkler: Ich morde, also bin ich. – Unter: http://www.spiegel.de/kultur/gesellschaft/0,1518,druck-194588,00.html (eingesehen am 18. Oktober 2008)

Bildquellenverzeichnis

S. 28, 29, 32: aus: Ferdinand de Saussure: Grundfragen der allgemeinen Sprachwissenschaft. Berlin: de Gruyter 1967.

S. 40: Interfoto, München.